HANOI

pendant la période héroïque

1873-1888)

ANDRE MASSON

Archiviste-paléographe

HANOI

pendant la période héroïque

(1873-1888)

*Préface de M. Paul Boudet
Directeur des Archives
et des Bibliothèques de l'Indochine.*

PARIS
LIBRAIRIE ORIENTALISTE PAUL GEUTHNER
13, RUE JACOB (VIe)
1929

A Monsieur PIERRE PASQUIER,
Gouverneur Général de l'Indochine,

*qui, le premier, prit la défense du pittoresque
menacé des rues anciennes de Hanoi et contribua
si heureusement à sauver les précieuses Archives
grâce auxquelles on peut reconstituer les premières années de Hanoi, ville française.*

PRÉFACE

Lentement mais sûrement, le passé s'émiette. Hommes et choses disparaissent ou se transforment au gré des ans. Dans les pays coloniaux, le temps agit avec une rapidité excessive et si l'on n'y prend garde, il ne restera bientôt plus rien d'un passé pourtant bien près de nous et qui méritait d'être sauvé de l'oubli ou de la destruction. La plupart des hommes qui ont vu notre établissement au Tonkin ont déjà disparu et les jeunes générations ne les connaissent plus guère qu'au travers des brumes de légendes trop tôt écloses.

Quant aux monuments, ils ont à subir la pioche des démolisseurs et des « Urbanistes » qui, pour faire des vieilles cités tonkinoises de véritables villes modernes, n'ont pas hésité à jeter bas des pagodes, des édifices importants, de vieux quartiers qu'il aurait fallu conserver.

Pourquoi n'avoir pas, comme l'a fait au Maroc le Maréchal Lyautey, juxtaposé les villes modernes aux cités indigènes en laissant à chacune son caractère. On eût évité de détruire le charme des vieilles rues à redans, aux trottoirs inégaux, au pavé rugueux, des étroites maisons aux pièces en enfilade, sombres et mystérieuses. Peut-être l'hygiène y aurait perdu. Voire. Car les prétentieux compartiments en style sino-dresdien ne valent guère mieux, et l'œil en est offusqué.

Et cette Pagode des Supplices à Hanoi qui mirait ses tours et ses stoupas de briques dans les eaux glauques du Petit-Lac, pourquoi ne l'aurait-on pas conservée au milieu des jardins de la nouvelle cité?

Le vandalisme affecte toutes les formes : quand il inspire l'idée saugrenue et malséante d'ériger une République de zinc repoussé sur le pagodon du Lac, il touche à la démence. Il est quelquefois plus utilitaire et par là un peu excusable : nos soldats durent occuper la Citadelle, à leur arrivée, et l'approprier à leurs besoins. Qu'attend-on pour en libérer au moins le cœur, qui abrita Francis Garnier et recèle aujourd'hui des logements et des magasins militaires? Français et Annamites applaudiraient à la réalisation d'un projet qui avait déjà séduit Paul Doumer : la Porte Nord et les vestiges de la Pagode royale seraient dégagées des constructions parasites qui les défigurent et encadrées par un vaste jardin ombragé, qui s'étendrait entre l'avenue Victor Hugo et la rue de la Porte Sud, depuis la Porte Nord jusqu'au Mirador de l'avenue Puginier. Mais ce ne serait là qu'une partie, importante sans doute, du programme plus général que le

Maire de Hanoi, notre Gouverneur général actuel,
M. Pierre Pasquier, esquissait dès 1916 : « Je me
suis demandé, disait-il, s'il n'y avait pas un moyen
de conserver à Hanoi un peu de ce pittoresque qui va
disparaissant... J'ai pensé que nous pouvions étendre
notre sollicitude à certaines rues du quartier indigène
qui, tout en offrant les conditions d'hygiène nécessaires, pourraient conserver ainsi leur caractère original.
Il ne serait pas sans intérêt, pour le visiteur, de pouvoir
comparer le Hanoi d'hier à celui de demain.

« Pour ce faire, il suffirait d'assimiler ces rues à ces
sites pittoresques que protège la loi, qui sont déter-
minés par une commission dite des sites naturels et
artistiques, et dont les propriétaires sont invités, sauf
autorisation spéciale, à prendre l'engagement de ne détruire ni modifier l'état des lieux ou leur aspect. Ces
rues se trouveraient ainsi classées, tout comme un site
pittoresque ; les servitudes d'alignement ou autres ne
leur seraient donc pas applicables, conformément aux
lois et arrêtés, et elles garderaient le caractère qu'une
esthétique bien comprise pousse à leur conserver.

« Pour vous matérialiser en quelque sorte cette idée,
je vous citerai la rue du Chanvre. L'enchevêtrement
des maisons qui la composent, les sinuosités qui en dé-
truisent tout alignement, des habitations mieux ornées
que la plupart des logements indigènes, lui donnent un

aspect local bien caractérisé qu'il serait regrettable de voir disparaître. Et je ne parle pas de cette maison si curieuse encore, qui subit déjà dans son intérieur tant d'avatars et où cependant, à l'époque de la conquête, s'était établie la chancellerie de France... ».

On n'a pas assez écouté la voix de la sagesse. Hanoi a perdu depuis quelques années une bonne part de ce qui constituait son aspect d'autrefois. De belles rues dignes des voitures qui les sillonnent, avec des trottoirs sans aspérités, de larges boulevards, maintenant ombragés, abritent des villas qui ne seraient pas toujours déplacées dans la banlieue parisienne. Il y aurait eu peut-être mieux à faire, en commençant par les constructions administratives elles-mêmes.

Mais pour enrayer le mal et protéger le peu qui nous reste, il n'est pas de trop de toutes les énergies et de toutes les bonnes volontés, que vient de grouper la Société de Géographie de Hanoi, dont la section du Vieux Tonkin se propose de sauver ce qui peut encore être sauvé et de faire connaître ce qui a disparu.

Pour cette deuxième partie de sa tâche, il est une autre catégorie de monuments que le temps et les hommes n'ont pas davantage épargnés : ce sont les « vieux papiers », qu'on vouait naguère facilement et sans remords aux poux de bois ; poux de bois innombrables et mystérieux, que de crimes ont été commis en votre nom ?

Notre modeste rôle a été de lutter contre les ennemis des Archives et depuis douze ans que nous nous sommes attelés à cette tâche de bénédictin, nous avons eu la satisfaction de sauver de la destruction, du désordre et de l'oubli l'essentiel de ce que les devanciers de nos administrateurs avaient accumulé.

Notre tâche s'est bornée là, il ne nous appartient pas de la juger. Cependant, c'est pour nous une satisfaction d'avoir, en organisant les dépôts d'archives de l'Indochine, rendu possibles des travaux comme ceux de M. Bouchot pour la Cochinchine, et surtout comme celui que M. Masson présente aujourd'hui au public.

Je ne cacherai pas qu'il se mêle au plaisir d'avoir suscité le jeune et ardent enthousiasme de M. Masson une petite pointe de regret de n'avoir pas pu tirer moi-même de tous ces vieux documents les belles études où revivent les premières heures du Tonkin français.

Mais ce regret est en même temps le meilleur compliment à l'adresse du collaborateur qui n'a pas craint, à ma demande, d'abandonner les monuments de l'art français et les chartes du Moyen-Age pour venir coopérer à la tâche souvent ingrate que nous poursuivons ici.

M. Masson s'est proposé de reconstituer l'aspect ancien de Hanoi en 1873 et de décrire, quartier par quartier les lieux qui furent le théâtre de notre action de 1873 à 1888. Sur ce sujet, on ne possédait que des données extrêmement vagues. A partir de 1883, il était assez facile de trouver des renseignements dans les journaux du temps et dans les nombreux récits de campagne qui ont été publiés, mais auparavant, entre l'arrivée de Francis Garnier en 1873 et la mort d'Henri Rivière en 1883, pendant cette « période des Consulats », sur laquelle les historiens glissent avec tant de discrétion, que s'est-il passé à Hanoi ? Dans quelles conditions, par exemple, s'est effectuée la délimitation du terrain concédé à la France par les traités de 1874? Pourquoi le Camp des Lettrés fut-il choisi comme résidence provisoire en 1873 par Garnier et en 1875 par notre consul M. de Kergaradec? Comment s'installa rue Jean Dupuis le « Résident français au Tonkin » Rheinart et sa petite escorte?

On trouvera la réponse à ces questions et à bien d'autres problèmes que pose le Vieil Hanoi en lisant l'ouvrage de M. Masson. Uniquement préoccupé de faire un tableau exact de la période qu'il étudie, il n'a pas formulé de conclusions, mais était-ce bien utile? Il semble qu'elles se dégagent d'elles-mêmes.

L'intérêt de certains monuments et de certains sites de Hanoi ne réside pas seulement dans leur beauté ou leur pittoresque, mais encore dans les souvenirs historiques qu'ils évoquent. Faire revivre ces souvenirs,

c'est nous donner de nouvelles raisons de nous attacher
à ces monuments ou à ces sites et de les protéger.
Ainsi les pages consacrées à la Citadelle justifieraient
pleinement une proposition de classement comme monument historique des derniers vestiges des remparts.
De même, les précisions que l'on trouvera sur l'ancien
cimetière où furent inhumés Francis Garnier, Balny
d'Avricourt, le colonel Carreau, Berthe de Villers,
le commandant Rivière, constituent le meilleur argument pour ne pas laisser envahir par des constructions
modernes le sol où restent attachés tant d'émouvants
souvenirs.

Paul BOUDET.

INTRODUCTION

Cité historique au passé millénaire et grande ville moderne, Hanoi mériterait une vaste étude d'ensemble : après avoir dégagé des brumes de la légende l'antique Dai-la, reconstitué les fastes de la capitale des Lê et fait revivre l'épopée de Francis Garnier et d'Henri Rivière, il conviendrait de tracer le tableau de l'évolution économique actuelle et des magnifiques résultats d'un demi-siècle d'efforts français.

De cette œuvre, nous avons seulement tenté d'esquisser un chapitre en décrivant Hanoi pendant les quinze premières années de l'intervention française, du 5 novembre 1873, date de la prise de possession du Camp des Lettrés par Francis Garnier, au 3 octobre 1888, date de l'ordonnance royale qui rendit officiellement terre française tout le territoire de la ville.

On chercherait vainement un qualificatif plus juste que celui d'héroïque pour définir cette période où l'on ne sait s'il faut admirer davantage l'endurance des soldats ou le courage des premiers colons. Les uns, mal nourris, mal équipés (ils n'avaient pas même de casques au début), buvant l'eau des mares, couchant dans la boue, harassés par des marches forcées et de perpétuels combats, bravèrent la maladie et la mort. Les autres, à peine mieux protégés contre la rigueur du climat, privés de tout confort, logeant dans de simples paillotes, risquèrent de leur plein gré santé et fortune, malgré les incursions des pirates et la précarité de leurs entreprises menacées par des risques de toute nature.

Du point de vue de l'histoire générale, la partie qui se joua à Hanoi à cette époque fut décisive, non seulement pour l'établissement de notre protectorat au Tonkin, mais encore pour l'assiette et le développement de notre influence dans le reste de l'Indochine. Sans l'audacieuse initiative de Francis Garnier se jetant avec 180 hommes à l'attaque de la Citadelle défendue par des milliers de soldats annamites, sans le courage de ses successeurs qui se cramponnèrent au «lambeau de terre» que nous concéda le traité de 1874, le champ aurait été libre pour les convoitises étrangères. Une puissance autre que la France se serait installée sur les bords du Fleuve Rouge

et notre situation en Cochinchine aurait été gravement
compromise.

Les premiers temps de notre intervention ne sont
pas moins intéressants pour l'histoire locale : Il est
impossible de comprendre l'évolution de la ville moderne de Hanoi si l'on ne connaît d'une part l'aspect
ancien de la cité annamite, sur laquelle vinrent se gref-
fer les quartiers européens, et d'autre part les premiers travaux d'aménagement et d'embellissement qui
furent entrepris de 1883 à 1888. A ce titre, les recherches d'archives constituent une utile introduction
à des études qui relèvent plutôt de l'urbanisme que
de l'histoire.

La description exacte de la ville telle que nous
l'avons trouvée en 1873 permet enfin de mieux apprécier l'immense bienfait de notre intervention et de
se rendre compte que les indigènes ont été les premiers
à profiter des progrès que nous avons réalisés. Dès
1883, avant de construire le plus modeste logement
européen pour lui-même, le premier résident de Hanoi s'appliqua d'abord à l'assainissement et à l'amélioration des quartiers indigènes. Aujourd'hui, de
nombreux Annamites habitent de belles maisons à
l'européenne dans des rues larges et bien aérées, et
les quartiers les plus pauvres de la vieille ville paraissent eux-mêmes convenables si l'on songe à l'aspect
sordide qu'ils présentaient il y a cinquante ans. Sans
les descriptions précises de témoins oculaires, nous ne

pourrions nous figurer dans quel état d'insalubrité, d'insécurité et de misère vivait alors la population de la capitale du Tonkin — à part quelques mandarins de la Citadelle et quelques riches marchands du quartier chinois.

Au cours de cette étude nous aurons l'occasion de revenir en détail sur quelques uns des évènements historiques dont Hanoi fut le théâtre, mais il n'est peut-être pas inutile de rappeler brièvement l'enchaînement des faits.

L'occasion d'intervenir au Tonkin fut donnée à l'amiral Dupré, gouverneur de la Cochinchine, par l'affaire Dupuis (1). La cour de Hué, d'elle-même, sollicita son concours pour régler le différend entre notre compatriote et les autorités de Hanoi qui voulaient l'empêcher d'utiliser la voie commerciale du Fleuve Rouge. L'amiral répondit qu'il ne voyait d'autre solution que d'envoyer sur place un officier accompagné de quelques hommes, afin de procéder à une enquête. Pour cette délicate mission, il choisit le lieutenant de vaisseau Francis Garnier, dont les

---

(1) C'est le 22 décembre 1872 que Jean Dupuis parvint à Hanoi pour la première fois. Il avait été précédé le 6 novembre par le commandant Senez qui y passa à peine trois jours. Le voyage de cet officier eut une grande importance au point de vue hydrographique, car il fut le premier à reconnaître les points de pénétration et les mouillages du Tonkin, mais c'est seulement de la mission de Francis Garnier que date vraiment l'histoire de notre intervention à Hanoi.

*hautes qualités d'intelligence, de bravoure et de sang-
froid s'étaient révélées aussi bien sur le champ de
bataille de Ki-Hoa, que dans le poste d'administra-
teur de Cholon et au cours de l'exploration du Mé-
kong.*

*Garnier s'embarqua à Saigon, le 11 octobre 1873,
accompagné seulement d'un détachement d'infanterie
de marine de trente hommes et d'une cinquantaine de
marins. Le reste de l'escorte, composé de 92 hommes sous les ordres du commandant Testard, ne devait prendre la mer qu'un peu plus tard. Arrivé à Hanoi, le 5 novembre, Francis Garnier se heurta dès le
premier jour à la mauvaise volonté des mandarins.
Menacé par les troupes de Nguyên-Tri-Phuong, il dut
prendre l'offensive et s'emparer de la citadelle le 20
novembre. Accueilli en libérateur par la population
du Tonkin, il était maître du Delta quelques semaines
plus tard et sur le point de conclure un traité qui eût
assuré notre protectorat effectif, sans effusion de sang
français, sans pertes sérieuses pour les Annamites.
Mais la désastreuse journée du 21 décembre, où Garnier fut tué par des pirates chinois, retarda de dix
ans les destinées du Tonkin.*

*Le lieutenant de vaisseau Philastre, inspecteur des
affaires indigènes, arrivé à Hanoi quelques jours après
la mort de Garnier, ordonna l'évacuation des citadelles de Hai-Duong, Ninh-Binh et Nam-Dinh, et
signa la convention du 6 février 1874 : Nos troupes*

devaient abandonner la citadelle de Hanoi et se retirer à Haiphong. En revanche, le gouvernement annamite concèderait un terrain sur le bord du fleuve
pour construire une habitation au Résident français et
aux soldats de son escorte. Le traité conclu à Saigon
le 15 mars compléta cette convention en déclarant le
Fleuve Rouge ouvert au commerce et en accordant à
la France le droit d'être représentée par un consul
dans les trois ports de Hanoi, Haiphong et Quinhon.

L'évacuation de la Citadelle eut lieu le 12 février
1874 ; le lendemain s'installait dans l'ancienne maison de Dupuis, en plein quartier indigène, l'inspecteur Rheinart désigné par l'amiral Dupré pour remplir
les fonctions de « Résident français au Tonkin ». Dès
la fin du mois de mai, il se retira avec son escorte à
Haiphong, puis remonta à Saigon, laissant le service
politique au chef de bataillon Dujardin, commandant
des troupes à Haiphong.

C'est un an plus tard seulement, le 26 août 1875,
que le consul de Hanoi, nommé en vertu du traité du
15 mars 1874, prit possession de son poste. Le choix
de l'Amiral s'était porté sur le lieutenant de vaisseau
Le Jumeau de Kergaradec, officier d'élite dont l'histoire doit retenir le nom, car il rendit à notre cause
au Tonkin des services éminents, tant par sa ténacité
à maintenir les droits de la France à Hanoi, que par
ses explorations du Fleuve Rouge en 1876 et 1877.

Les rapports précis et circonstanciés, qu'il adressa régulièrement à l'Amiral de 1875 à 1881, constituent la plus précieuse des sources de renseignements.

La période dite « des Consulats » dura jusqu'en 1882, où il devint nécessaire de renforcer la garnison de Hanoi. Le commandant Rivière, avec 400 hommes de troupes, débarqua à Hanoi le 3 avril 1882 et s'empara de la citadelle le 25 avril. Un an plus tard, le 19 mai 1883, il trouva la mort au Pont de Papier, sur le route de Sontay, près de l'endroit où était tombé déjà Francis Garnier.

La nouvelle de cette seconde catastrophe provoqua un élan d'indignation en France. Des crédits furent votés pour l'envoi d'importants renforts. La campagne, longue et pénible, contre des troupes chinoises armées et entraînées à l'européenne, aboutit à la reconnaissance de notre protectorat par la cour de Hué, le 25 août 1883 et par la Chine le 9 juin 1885.

Nous avions désormais les mains libres pour travailler à la pacification et à la mise en valeur du pays. Cette belle tâche fut confiée à Paul Bert, nommé Résident général par décret du 27 janvier 1886. La mort devait, lui aussi, le ravir trop tôt à son œuvre. Mais il avait donné une impulsion durable et Hanoi était déjà une ville bien française quand deux ans plus tard, en 1888, l'ordonnance du 3 octobre nous en concéda la pleine propriété.

*Les sources françaises de l'histoire de Hanoi (1)
pendant cette période sont très abondantes. Il serait
fastidieux de les énumérer, mais nous ne pouvons nous
dispenser de citer, outre les ouvrages généraux de Romanet du Caillaud, Jean Dupuis, Paulin Vial et Hippolyte Gautier, les « quarante ans de Tonkin » de
Piglowski, les souvenirs de Raymond Bonnal, résident de Hanoi en 1883 et 1884, les impressions de
Bourde et de Bonnetain, envoyés spéciaux du Temps
et du Figaro en 1884, les descriptions du docteur
Hocquard, du capitaine Lecomte, du sergent Garcin,
de Labarthe, de Dumoutier, etc. qui séjournèrent à
Hanoi entre 1882 et 1888 ; enfin les publications officielles (Annuaire, Bulletin officiel, Moniteur du
Protectorat) et, depuis 1884, la collection de l'Avenir du Tonkin.*

*Malgré l'intérêt de ces sources imprimées, on s'ex-
poserait à de graves mécomptes et à de nombreuses
lacunes en se basant uniquement sur elles : c'est aux
textes inédits conservés aux Archives centrales de
l'Indochine que l'on a emprunté le fond du récit, en
particulier aux lettres de Francis Garnier, aux rapports*

-----

(1) Les sources annamites n'ont pas été négligées et l'on a utilisé
avec profit divers manuscrits inédits de l'Ecole française d'Extrême-
Orient, mais ces documents sont en général d'une grande sécheresse.
Le « voyage au Tonkin en 1876 » de Petrus Ky, imprimé en 1881,
dont l'Ecole d'Extrême-Orient possède un exemplaire, ajoute peu de
chose à ce que l'on sait par ailleurs sur l'aspect de Hanoi à cette date :
On peut regretter, par exemple, que le savant Cochinchinois n'ait pas
décrit le Camp des Lettrés où il a été reçu par le Consul.

de notre Consul et du Commandant supérieur des troupes, et à la série H (Travaux publics) du fonds des Amiraux gouverneurs de la Cochinchine et de la Résidence supérieure au Tonkin. Nous avons également utilisé les registres de correspondance du commandant Rivière, du commandant Morel-Beaulieu et de l'amiral Courbet, conservés aux Archives historiques de l'Etat-Major.

Les sources iconographiques sont malheureusement plus rares. La Bibliothèque centrale de l'Indochine et l'Ecole française d'Extrême-Orient possèdent cependant une précieuse collection de photographies de la campagne du Tonkin, dont quelques-unes concernent Hanoi, et nous avons pu retrouver un certain nombre de dessins datant de la conquête, gravés dans l'Illustration, le Tour du Monde, les Annales de l'Extrême-Orient et divers ouvrages. Au point de vue topographique, le « plan de Hanoi en 1873 » de Pham-dinh-Bach offre des données générales intéressantes, mais il a été exécuté de mémoire en 1902 et il est nécessaire de le compléter et de le rectifier sur divers points par les cartes anciennes de la Direction des Archives et de l'Ecole d'Extrême-Orient (1).

---

(1) Nous tenons à exprimer notre gratitude envers MM. Finot et Goloubew, Directeur et Secrétaire de l'Ecole Française d'Extrême-Orient, qui ont facilité nos recherches dans la riche Bibliothèque de l'Ecole et nous ont autorisé à reproduire les nombreux et très intéressants clichés dont on trouvera la liste dans le notice des planches.

Dans quel ordre convenait-il de mettre en œuvre ces documents? Nous avions d'abord songé à suivre chronologiquement les modifications successives de Hanoi, après en avoir décrit l'aspect général en 1873 ; mais l'étude du plan de la ville nous a imposé un ordre différent, l'ordre topographique.

Hanoi en 1873 n'était pas, à proprement parler, une ville, mais une agglomération composite où se trouvaient juxtaposés dans la même enceinte une capitale administrative, une ville marchande et de nombreux villages. La Citadelle, deux ou trois fois plus étendue que ce que nous désignons aujourd'hui sous ce nom, constituait la capitale administrative, où résidaient les mandarins provinciaux, représentants de l'Empereur. La ville marchande, à population très dense, resserrée entre le Fleuve Rouge et la Citadelle, se divisait elle-même en un quartier chinois de gros commerçants et en un quartier annamite de petits artisans.

Au sud de la Citadelle et de la ville marchande, on remarquait plusieurs enclaves protégées par une enceinte, telles que le Temple de Confucius, le Camp des Lettrés, la Sapèquerie et le Fort du Sud, notre future Concession.

Au delà, les villages étaient dispersés, au milieu de marais et de rizières, sur un vaste espace circonscrit par une levée de terre dont le nom, Dai-la-thanh, gardait le souvenir de la capitale du IXe siècle (pl. XXXVIII).

Chacun des divers quartiers présentant un caractère propre et ayant suivi une évolution distincte, pourquoi reconstituer par notre récit une unité qu'ils n'avaient pas? Aussi les avons nous étudiés séparément, en commençant par les premiers points d'où l'influence française a rayonné, c'est-à-dire le Camp des Lettrés, la Citadelle, la Concession et la Mission. Nous décrirons ensuite la ville marchande, puis la naissance du quartier français, qui devait peu à peu se développer et encercler de ses larges boulevards et de ses belles avenues la vieille cité annamite.

I

LE CAMP DES LETTRÉS

La ville où Garnier, Rivière, Bal-
ny et tant d'autres sont morts pour
leur pays. Saluez : c'est ici un des
coins du monde que consacrèrent le
pur amour du pays et les plus belles
vertus militaires et patriotiques —
renoncement, courage et foi. Nos of-
ficiers, de leur sang ont fait . fran-
çaise cette terre.

Jules BOISSIÈRE

IL ne subsiste rien aujourd'hui de l'enceinte du Camp des Lettrés de Hanoi ni des bâtiments qu'elle contenait, mais on en retrouve l'emplacement sur les plans anciens de la ville et on peut en reconstituer les dispositions intérieures à l'aide d'un croquis détaillé du Camp dressé en 1875 et des notes de notre consul sur les concours littéraires qui s'y tinrent en 1876 et 1879.

Situé au Sud-Est de la Citadelle et un peu en dehors de la ville marchande, le Camp des Lettrés mesurait environ cent cinquante mètres sur deux cents et occupait tout l'espace délimité aujourd'hui, au Nord par la rue Borgnis-Desbordes, à l'Ouest par la rue Lambert, à l'Est par le boulevard Jauréguiberry, au Sud par une ligne allant de l'Ecole des Arts appliqués au Palais de Justice. Il englobait les terrains actuellement occupés par la Direction des Archives et Bibliothèques, l'Inspection générale de l'Agriculture, la Gendarmerie et l'Ecole des Arts appliqués.

Comme tous les camps de lettrés, il se divisait en deux enceintes principales; l'une entièrement libre, sauf un petit pavillon central, le *Thap Dao*, était ré-

servée aux candidats; l'autre, occupée par les logements des examinateurs se subdivisait elle-même en
trois parties réservées chacune à l'une des trois sections
de la commission d'examen. En se dirigeant de l'enceinte des candidats vers le fond de l'enceinte des
examinateurs, on rencontrait d'abord le *ngoai-truong*,
ou enceinte extérieure dans laquelle se tenaient le président, le vice-président et les examinateurs jugeant
en dernier ressort ; puis une petite enceinte rectangulaire occupée par les *De-tuyen*, à qui les compositions
étaient remises en fin de journée et qui détachaient
la partie de la feuille portant le nom et l'adresse du
candidat après avoir inscrit un numéro d'ordre d'une
part sur la feuille détachée, d'autre part sur la composition ; enfin le *noi-truong*, ou enceinte intérieure,
dans laquelle les examinateurs *So-khao* et *Phuc-khao*
procèdaient aux premières corrections.

L'enceinte des candidats communiquait avec le dehors par neuf portes, alors que l'enceinte des examinateurs, rigoureusement fermée sur trois faces, ne possédait qu'une seule porte donnant sur l'enceinte des
candidats. Pendant toute la période d'examens, soit
pendant trente-cinq jours, les examinateurs ne pouvaient sous un aucun prétexte sortir de leur enceinte et
même les membres de la commission intérieure ne
pouvaient communiquer avec ceux de la commission
extérieure, car deux soldats montaient constamment
la garde devant chacune des portes reliant entre elles

les diverses parties du camp. Pour les candidats au contraire, les épreuves, toutes écrites et au nombre de trois, se tenaient à dix jours d'intervalle et duraient seulement une journée chacune.

Sur le plan reproduit ci-dessous (pl. V), on reconnaît fort bien les deux enceintes avec leurs portes et les subdivisions intérieures que nous venons de décrire. Dans la partie du plan correspondant à l'enceinte des candidats, on ne voit aucune inscription ; dans l'autre partie, on lit les diverses affectations données en 1875 aux anciens logements des examinateurs : les bâtiments du *ngoai-truong* sont occupés par les officiers, le médecin, le commissaire et diverses dépendances ; l'enceinte des *De-tuyen* par le résident politique ; le *noi-truong* par le commandant supérieur et les hommes de troupe. Mais rien n'est changé à la disposition des lieux qui devaient d'ailleurs servir à nouveau aux examens littéraires en 1876 et 1879.

Tel était l'aspect du Camp des Lettrés quand Francis Garnier débarqua à Hanoi le 5 novembre 1873. « Il est nécessaire, écrivait-il quelques jours auparavant au Gouverneur de Hanoi, que je trouve tout préparé un logement offrant à mes troupes une sécurité suffisante. La Citadelle de Hanoi me paraît être le lieu le plus convenable à leur installation » (1).

____

(1) Archives centrales de l'Indochine, Amiraux 12484.

Les mandarins se gardèrent bien de donner satisfaction à ce désir. Oubliant le caractère officiel de la mission de Garnier qu'ils avaient eux-mêmes provoquée, ils osèrent lui proposer de loger à l'auberge. Mais laissons Francis Garnier nous conter lui même comment il se tira de cette passe difficile (1).

« Dès que j'ai été en vue d'Hanoi, j'ai hissé sur ma jonque les couleurs françaises ; mon canot à vapeur les a appuyées d'un coup de canon. Immédiatement le Lao-Kay et le Hong-Kiang ont salué le pavillon national de décharges de toute leur artillerie. Je suis descendu à terre avec tout mon état-major et une escorte de trente hommes pour aller reconnaître le logement qui nous était destiné. La garde du Titai du Yunnan, commandée à l'européenne, formait la haie sur mon passage et m'a rendu les honneurs militaires. Je n'ai pas tardé à arriver à un *cong quan* que l'on me désigna comme le lieu désigné pour me recevoir. Le logement de l'Envoyé de Hué était auprès. Tout avait été calculé de façon à ce que je n'eusse aucun prétexte d'entrer dans la citadelle.

« Il était dérisoire, après la lettre que j'avais écrite, de me proposer de loger cent hommes et de l'artillerie,

______

(1) Archives centrales de l'Indochine, Amiraux 12461. Lettre inédite : Romanet du Caillaud et H. Gautier ont pu donner quelques détails sur l'arrivée de Garnier à Hanoi non d'après ce document qu'ils ignoraient, mais d'après une lettre plus courte de Garnier à son frère et le récit du sergent Imbert.

dans une auberge, en pleine rue, sans avoir aucun moyen de résistance en cas d'attaque, sans possibilité d'isoler mes troupes de la population et de maintenir la discipline parmi elles. Je ne m'arrêtai donc pas un instant à l'idée d'accepter, même provisoirement, un pareil logis et je me dirigeai vers la Citadelle avec la moitié de mon escorte laissant l'autre moitié écarter les curieux du débarcadère et protéger la mise en terre du matériel. J'envoyai mon lettré en avant prévenir les autorités que je ne m'arrêterai que chez le Gouverneur. M. Dupuis m'avait appris la présence à Hanoi du Grand Maréchal Vice-Roi du Tong-King, le fameux Nguyên-tri-Phuong, notre ancien adversaire de Ky-Hoa, dont vous avez demandé le rappel. M. Dupuis croyait qu'il n'attendrait pas mon arrivée et qu'il se retirerait à sa résidence ordinaire, Son-Tay. Je sus par un prêtre annamite, envoyé au devant de moi en grande hâte pour me supplier d'attendre quelques instants qu'on fût prêt à me recevoir, que Nguyên-tri-Phuong habitait encore la Citadelle. Je me fis aussitôt conduire chez lui en envoyant l'ordre à M. de Trentinian de venir m'attendre avec un renfort de 20 hommes à la porte même de la Citadelle que je franchis sans obstacle. On redoubla d'instances pour m'arrêter à la porte du maréchal mais je ne jugeai pas convenable d'attendre dans la rue qu'il plût à son Excellence de se montrer et j'entrai dans la salle d'audience. Le maréchal en prit son parti et parut aussi-

tôt en costume négligé. Il montra beaucoup de présence d'esprit, nous serra la main à tous en nous adressant les quelques mots de français qu'il a appris en
nous faisant la guerre, fit apporter des rafraîchisse-
ments, me présenta l'envoyé de la cour de Hué et le
Gouverneur de la province, qui arrivèrent peu après
lui. Je lui témoignai tout mon étonnement de l'emplacement choisi pour me loger et je lui déclarai qu'il
fallait séance tenante m'en désigner un autre qui rem-
plît les conditions de sécurité que j'étais en droit
d'exiger, sinon je choisirai moi-même dans la citadelle
le point qu'il me conviendrait d'occuper. Bien entendu il n'y avait pas de place dans la Citadelle et
rien n'y était digne de moi. Devant mon inébranlable
résolution de ne pas retourner au *cong quan*, le Maréchal se rappela qu'il y avait à peu de distance de
la Citadelle un camp fortifié, l'analogue du Camp des
Lettrés de Saigon, offrant avec de vastes logements
une sécurité suffisante. Refuser avant d'examiner les
lieux, eût été afficher la volonté de rompre à tout prix,
avant même d'avoir entamé les négociations. J'ordon-
nai donc à mon second, M. Esmez, d'aller visiter
cet emplacement et de revenir m'en rendre compte.
Pendant son absence, la conversation se traîna dans
des banalités. J'entendis chuchoter derrière moi que
les portes de la Citadelle venaient d'être fermées à la
vue du détachement de M. de Trentinian. Je dis en
riant au Maréchal que cette précaution était bien inu-

tile puisque je n'avais pas donné l'ordre à ce détachement de pénétrer dans la Citadelle, que d'ailleurs les
15 hommes que j'avais avec moi étaient bien capables
de faire ouvrir les portes le cas échéant. Son Excellence parut s'étonner comme moi de cet acte de mé-
fiance. Les inférieurs sont trop zélés, me dit-elle.

« M. Esmez me déclara à son retour que le logement proposé était des plus convenables, que l'enceinte en était défendue par un fossé, qu'il y avait
des maisons en assez grand nombre pour loger un personnel quintuple du nôtre ; mais qu'il n'y avait partout que les quatre murs. Je n'avais plus d'autre difficulté à élever que la nécessité de faire apporter immédiatement les objets les plus indispensables au cou-
chage et à la cuisine de mes troupes. Trois ou quatre
cents hommes furent aussitôt mis en mouvement par
le Maréchal qui avait hâte de se débarrasser de nous.
Le soir même tout le corps expéditionnaire était con-
fortablement installé dans son nouveau domicile ».

La durée de l'occupation du Camp des Lettrés fut
seulement de quinze jours, marqués par la venue de
Monseigneur Puginier, le 10 novembre, et les pour-
parlers avec les autorités annamites. Dès le 20 novembre, Francis Garnier se lançait à l'attaque de la
Citadelle, au point du jour, laissant au camp sept ou
huit hommes pour garder le matériel de l'expédition.
Le soir même, il s'installait au cœur de la Citadelle,
dans la Pagode Royale et il employa quelques cen-

taines des soldats annamites qu'il avait fait prisonniers au transport des effets et des vivres du Camp
à la Citadelle (1).

Après la mort de Garnier, l'évacuation de la Citadelle, puis le départ du résident Rheinart, il s'écou-
la une période d'un an pendant laquelle notre action
au Tonkin resta concentrée à Haiphong, en attendant
la nomination d'un consul de France à Hanoi, conformément aux traités de 1874, qui nous accordaient
en outre la concession d'un terrain de deux hectares
et demi sur les bords du Fleuve Rouge, pour le logement du personnel et de la garde militaire du
consulat.

Le consul devant arriver en juillet 1875 et les constructions projetées sur l'emplacement de la future Concession ne pouvant être exécutées pour cette date, une
convention fut signée à Hanoi le 30 mai entre Tran-
dinh-Tuc, Gouverneur de la province et le capitaine
Brionval, délégué du commandant supérieur des
troupes à Haiphong, aux termes de laquelle « le lieu
dit *Camp des Lettrés* sera mis à la disposition du
Gouvernement français pour y installer tout son personnel jusqu'au 1er janvier 1877 et plus tard, s'il y

---

(1) Archives centrales de l'Indochine, Amiraux 12466.

a lieu, en attendant l'achèvement des constructions
définitives (1) ».

Cette solution présentait de nombreux avantages,
comme l'écrivait le commandant Dujardin à l'Amiral en lui adressant le texte de la convention : « En
effet, au Camp des Lettrés, clos de tous côtés, la surveillance est facile, les militaires ont un champ assez
vaste pour ne pas trop désirer aller en ville ; on a d'ailleurs le détachement sous la main et on peut n'autoriser les promenades que par fractions bien déterminées, en conservant toujours au camp une force suffisante pour éviter les surprises ; enfin, il sera facile d'en
dessécher le terrain au moyen de quelques canaux
d'écoulement et, de plus, je suis convaincu que l'on
trouvera de l'eau potable en creusant des puits sur son
emplacement même ou à peu de distance ».

Après quelques travaux sommaires d'aménagement,
le Camp des Lettrés fut en état de recevoir notre consul à la fin du mois d'août. Le précédant de quelques
jours, le commandant Chapotot débarqua à Hanoi
avec cinquante hommes de troupe le dimanche 22 à
trois heures de l'après-midi. Il se rendit aussitôt chez
le Tong-Doc qui lui réserva le meilleur accueil, puis
il rentra surveiller le débarquement des troupes et leur
installation au Camp avant la nuit. Le déchargement
du matériel et des vivres fut effectué le lendemain

____

(1) Archives centrales de l'Indochine, Amiraux 1169.

matin à l'aide de cent cinquante coolies mis à notre disposition par le Tong-Doc (1).

Au Camp des Lettrés eut lieu, les jours suivants, la prise de possession de son service par notre Représentant. Il est curieux de rapprocher le récit qu'en fait M. de Kergaradec (2), de la lettre de Francis Garnier citée plus haut.

« Arrivé le mercredi 25 à la nuit, je suis descendu à terre le lendemain à huit heures et demie du matin, avec le personnel du Consulat, pour faire au Gouverneur général une visite officielle. M. le chef de bataillon Chapotot, auquel j'avais demandé un piquet d'honneur de trente hommes, s'était joint à moi, et les autorités annamites avaient mis sur pied un millier de soldats assez bien vêtus, choisis, à raison de cent hommes par régiment, dans chacun des dix régiments qui composent aujourd'hui la garnison d'Hanoi. Nous avons reçu du Gouverneur général l'accueil le plus satisfaisant. Tran-dinh-Tuc est un vénérable vieillard de près de soixante-dix ans, un âge avancé pour ce pays, mais encore vigoureux. Originaire de Hué, appartenant à une famille qui depuis plusieurs générations donne de grands mandarins à l'Etat, il est, dit-

---

(1) Rapport du chef de bataillon Chapotot, Commandant supérieur des troupes, du 2 septembre 1875. — Archives centrales de l'Indochine, Amiraux 13523.

(2) Rapport du Consul, en date du 2 septembre 1875. — Archives centrales de l'Indochine, Amiraux 12982.

on, particulièrement apprécié par le roi actuel, qu'il connaît depuis son enfance. Son autorité s'étend sur les provinces de Hanoi et de Ninh-Binh, dans chacune desquelles se trouve un tuân-phu ou Gouverneur particulier. Celui de Hanoi, nommé Tran-hy-Tang a, comme Pham-phu-Thu m'en avait prévenu, une délégation spéciale du thuong-bac pour traiter les affaires concernant le commerce étranger. Ce haut fonctionnaire passe dans le pays pour nous être beaucoup moins favorable que son supérieur Tran-dinh-Tuc, et son attitude m'a paru, en effet, moins bienveillante.

« Le Gouverneur m'a rendu dès le lendemain 27 sa visite officielle ; les troupes formaient la haie dans le Camp des Lettrés depuis la porte extérieure jusqu'à l'entrée du Consulat, où tous les officiers lui ont été présentés. J'ai lieu de croire que le Gouverneur a été content de la réception qui lui a été faite, car il a voulu venir me chercher lui-même le lendemain, 28, pour me conduire sur le terrain de la future Concession française. J'ai profité de cette circonstance pour hisser officiellement, devant son Excellence, le pavillon du Consulat et sa présence à cette cérémonie a produit le meilleur effet ».

Huit jours s'étaient à peine écoulés qu'un grave danger menaça le Camp : les bandes de Pavillons Noirs, qui deux ans auparavant avaient massacré Garnier se reformaient dans les villages environnant Hanoi, quelques-uns d'entre eux se montraient même en ville. Le commandant Chapotot, averti du danger, fit exécuter en hâte des travaux de défense dans le Camp des Lettrés et fortifier la partie de l'enceinte occupée par les troupes. A chaque extrémité de la face Ouest, il fit construire en briques un petit réduit carré de trois mètres de côté, percé de créneaux et servant de corps de garde, d'où, en cas d'alarme, toutes les faces de la position pouvaient être défendues par des feux de flanc. En rendant compte à l'Amiral de ces travaux, le 13 septembre (1), il joignit à sa lettre le croquis explicatif que nous avons reproduit planche V et qui est, à notre connaissance, le seul document graphique conservant le souvenir des dispositions anciennes du Camp des Lettrés.

Les craintes du commandant Chapotot étaient-elles excessives ou les préparatifs de défense découragèrent-ils les Pavillons Noirs? En tout cas, il n'y eut pas d'attaque, mais l'insalubrité du Camp devait bientôt infliger à nos soldats des souffrances auxquelles ils auraient sans doute préféré les aléas du combat. Les pluies torrentielles qui tombèrent en septembre transformèrent le Camp en un vaste marécage. L'eau qui entourait les logements était si abondante que les soldats « lavaient leur linge devant leur porte » (2). Les hommes, dévorés par les moustiques et obligés de

____

(1) Archives centrales de l'Indochine, Amiraux 13524.
(2) Lettre du Commandant supérieur en date du 27 octobre 1875. — Archives centrales de l'Indochine, Amiraux 13525.

travailler dans l'eau, furent atteints de plaies aux pieds et aux jambes et le 10 octobre, le quart des effectifs était indisponible. Pour exécuter, dans ces conditions déplorables, les travaux de terrassement, on ne disposait, en attendant les instruments réclamés à Saigon, que de « pioches annamites, quelques mauvaises bêches et, à défaut de pelles en fer, de pelles en cuivre (1) ». Ces difficultés furent heureusement de courte durée et le retour de la saison sèche améliora l'état sanitaire.

Pendant que le commandant des troupes s'occupait de la défense et de l'aménagement du Camp, le consul, M. de Kergaradec, poursuivait les négociations relatives aux terrains de la Concession. Très habilement, il sut tirer parti du désir que les mandarins avaient de reprendre possession du Camp des Lettrés, pour obtenir la concession gratuite d'un terrain beaucoup plus vaste que ne l'autorisait le traité de 1874 (dix-sept hectares au lieu de deux et demi), en échange de l'évacuation du Camp à une date antérieure à celle prévue par la convention du 30 mai 1875. Nous avons vu, en effet, que le Camp des Lettrés était mis à notre disposition « jusqu'au 1er janvier 1877 et plus tard s'il y a lieu ». Or, c'est en novembre 1876 que devaient avoir lieu les examens triennaux qui jouaient un

____

(1) Lettre du Commandant supérieur, en date du 10 octobre 1875. — Archives centrales de l'Indochine, Amiraux 13525.

rôle si important dans la vie annamite. M. de Kergaradec s'engagea à remettre le Camp aux autorités
annamites le 16 octobre 1876.

Ce délai d'un an était bien court pour édifier les
importantes constructions projetées sur la Concession.
Malgré l'inexpérience de la main-d'œuvre tonkinoise,
le capitaine du génie chargé de diriger les travaux
réussit cependant à les mener à bien et le Camp des
Lettrés fut évacué vingt-quatre heures avant la date
fixée, le 15 octobre 1876.

Un mois plus tard s'ouvrait dans le Camp des Lettrés rendu à sa destination primitive le concours littéraire qui attira une affluence énorme à Hanoi, les
candidats, au nombre de quatre ou cinq mille, étant
presque tous suivis d'un ou plusieurs domestiques et de
nombreuses personnes de leur entourage. On aimerait
à se représenter ces disciples de Confucius passant dans
le plus austère recueillement la période solennelle des
examens. La réalité était peut-être un peu différente
si l'on en juge par les mesures que prirent les autorités
annamites pour éviter les désordres, notamment « l'in-
terdiction de la vente des liqueurs fortes pour tout le
mois que durera le concours (1) ».

____

(1) Lettre de M. de Kergaradec du 17 novembre 1876. — Archives centrales de l'Indochine, Amiraux 12997.

M. de Kergaradec put faire de curieuses observations (1) sur ce concours qui se déroulait pour ainsi
dire sous ses yeux. Il n'est peut-être pas sans intérêt de
les résumer, car les concours littéraires de Hué et de
Nam-Dinh ont fait l'objet de diverses études (2), mais
nous ne croyons pas que l'on ait jamais parlé des derniers examens de Hanoi auxquels d'ailleurs il fut
donné à très peu d'Européens d'assister. Bien mieux,
on a prétendu que le Camp des Lettrés avait cessé
d'être utilisé pour les concours triennaux à partir de
1875 et nous lisons à ce sujet dans la Revue de Géographie de 1883 (page 101) une tirade éloquente,
mais parfaitement inexacte « Nos soldats y logèrent
[au Camp des Lettrés, en 1875] jusqu'à ce que la
Concession française fût en état de les recevoir. Après
leur départ, le Camp des Lettrés fut abandonné et il
tombe aujourd'hui en ruines. *Soit que ce camp, pro-
fané par notre présence, ne fût plus digne de recevoir
les candidats au mandarinat, soit que l'on craignît que
notre vue ne pût corrompre les lettres, ou que l'on vou-
lût seulement diminuer le prestige d'une ville où devait
siéger désormais un représentant de l'autorité française,* à partir de ce moment les examens se passèrent à

---

(1) Rapport joint à la lettre précitée. — Archives centrales de
l'Indochine, Amiraux 12997.

(2) Voir notamment la *Revue Indochinoise,* 1894, pp. 176-197 ;
1913, pp. 139-158 et le *Bulletin des Amis du Vieux Hué,* 1916, pp.
333-336.

Nam-Dinh, et les soldats de la Citadelle prirent possession du Camp des Lettrés pour s'y exercer au maniement de la lance et du sabre ».

Hanoi était le plus ancien des centres d'examen de l'Indochine et l'on peut encore voir dans le Temple de la Littérature les stèles qui commémorent les concours de 1442 à 1780. En 1876, les autres centres étaient Hué, Binh-Dinh, Nghê-An, Thanh-Hoa et Nam-Dinh. Hanoi réunissait les candidats de Bac-Ninh, Son-Tay, Cao-Bang, Lang-Son et Tuyên-Quang.

L'examen devait commencer le premier jour du dixième mois. La veille, des affiches firent connaître à chaque catégorie de candidats la place qu'ils devaient occuper et la porte devant laquelle ils devaient se présenter. D'avance, ils avaient porté à la Citadelle le papier nécessaire pour écrire leurs trois compositions, ces feuilles de papier devant leur être rendues sous forme de cahiers paraphés le matin de chaque épreuve.

Le matin du grand jour, dès la troisième veille, c'est-à-dire vers une heure du matin, on commença à frapper le grand tambour qui invite chacun à se préparer et bientôt les étudiants, confondus avec les simples spectateurs s'approchèrent du Camp, devant le cordon formé autour de l'enceinte par les soldats, lance au poing. Au milieu de la cinquième veille, vers quatre ou cinq heures du matin, les examinateurs en grand costume vinrent s'installer aux différentes portes avec leur suite. Puis commença l'appel des candidats, rigoureusement fouillés à l'entrée, emportant avec eux une petite tente en toile ou en nattes, des gâteaux, du riz, du thé tout préparé, de l'encre noire, un ou deux pinceaux et une lampe. Tout le monde entré, les portes se refermèrent et les examinateurs se réunirent au pavillon central (Thap-Dao) de l'enceinte des candidats pour afficher le sujet de la composition. Dans l'après-midi, les candidats qui avaient terminé se retirèrent peu à peu par la porte centrale, mais les derniers ne quittèrent le Camp qu'à minuit.

La deuxième épreuve eut lieu le 11 du même mois, avec le même cérémonial, et la troisième le 21. Par éliminations successives, les candidats n'étaient déjà plus que cinq cents au lieu de quatre mille cinq cents. Lors de la proclamation des résultats, cinq jours après la dernière épreuve, le nombre des nouveaux Tu-Tai (bacheliers) fut de cinquante et celui des Cu-Nhon (licenciés) de vingt-cinq.

Après le concours des lettrés, eut lieu l'examen du mandarinat militaire, dans la même enceinte. Mais M. de Kergaradec était alors parti pour son exploration du Haut-Fleuve-Rouge et le chef de bataillon Billès, chargé du consulat en son absence, se contenta de faire savoir à l'Amiral à cette occasion, le

25 janvier 1877 (1) que « le plus grand calme a régné à Hanoi ». On sait que les examens militaires se
composaient d'épreuves de poids lourds, d'escrime à
la lance et à l'épée, de tir à la cible et de quelques
interrogations sur la tactique militaire (2).

La correspondance de notre consul nous apprend
que les examens littéraires se tinrent à nouveau au
Camp des Lettrés en 1879 et qu'ils attirèrent plus de
sept mille candidats, mais elle ne contient aucun autre
détail sur ces examens qui devaient être les derniers
auxquels le Camp des Lettrés de Hanoi servit d'enceinte. En effet, les concours triennaux furent suspendus au Tonkin pendant toute la durée de la campagne, de 1882 à 1885, et c'est à Nam-Dinh seulement qu'ils se tinrent dorénavant quand Paul Bert les
eut autorisés à nouveau en 1886.

En dehors des périodes d'examen, le Camp des
Lettrés pouvait servir à d'autres usages, notamment à
ces distributions publiques de riz, dont l'existence est
bien connue, mais sur lesquelles on possède si peu de
détails. Les lettres de M. de Kergaradec permettent de combler cette lacune et d'imaginer les scènes
poignantes qui devaient se dérouler aux portes du
Camp pendant les famines : « Tous les cinq jours,

---

(1) Archives centrales de l'Indochine. Amiraux 12998.
(2) Voir P. Pasquier, l'Annam d'autrefois, 1907, pp. 120-122.

les mendiants de la ville et des environs, une véritable armée, se pressent aux portes du Camp des Lettrés. On les y laisse pénétrer un à un, et chacun reçoit à son entrée une petite mesure de riz décortiqué, à peu près cinq cents grammes ; puis les neuf portes de l'enceinte sont ouvertes à la fois, pour permettre à la foule de s'écouler. Cette maigre pitance, à peine suffisante à la nourriture d'un jour, n'est accordée qu'aux femmes, aux enfants, aux vieillards et aux infirmes ; les hommes qui paraissent en état de gagner leur vie sont écartés par les soldats. L'exclusion faite rigoureusement, vingt-deux mille personnes ont encore pris part à la dernière distribution ; ce chiffre seul peut donner une idée de la misère dont la ville de Hanoi nous offre en ce moment le triste spectacle (1) ».

Dans leur sobriété, ces quelques lignes en disent long sur les souffrances qu'endurait le peuple du Tonkin avant notre intervention. Les chiffres donnés par M. de Kergaradec, témoin impartial, ne peuvent être suspectés et l'ensemble de sa correspondance prouve qu'il n'écrivait jamais à l'Amiral-Gouverneur sans avoir soigneusement contrôlé l'exactitude des renseignements fournis.

Ce qui jette un jour singulier sur l'administration des mandarins, c'est qu'au moment où tant de mal-

---

(1) Archives centrales de l'Indochine. Amiraux 13033. (Lettre du 30 avril 1880).

heureux mouraient de faim à Hanoi, le riz était en surabondance dans d'autres provinces. Mais la circulation des grains était rigoureusement interdite : « L'idéal d'un Gouverneur de province, écrivait notre consul le 18 juin 1880 (1), en étudiant les causes de la famine, est que la vie soit bon marché chez lui quand elle est chère chez ses voisins. C'est là le signe d'une bonne administration, d'une administration paternelle. Ces choses sont dans les mœurs du pays ; elles reposent sur des maximes vieilles comme l'antiquité chinoise et dureront probablement autant que le gouvernement des mandarins lui-même ».

Au début de l'année 1882, dès qu'il fut question d'envoyer à Hanoi des troupes de renfort, on songea à utiliser le Camp des Lettrés et le capitaine du génie chargé de leur logement exposa dans un rapport du 18 janvier (2) que les bâtiments anciens du Camp pouvaient contenir deux compagnies et qu'il serait facile d'en recevoir deux autres en construisant des paillotes dans la partie libre. « Je dois ajouter, disait-il en terminant, que l'emplacement du Camp des Lettrés est dans de très mauvaises conditions hygiéniques : il est entouré de terrains marécageux, touche à un cimetière et est voisin d'une léproserie ; je ne crois pas qu'on

____

(1) Archives centrales de l'Indochine, Amiraux 13036.
(2) Archives centrales de l'Indochine, Amiraux 10631.

ait été aussi éprouvé depuis 1875 qu'on ne le fut cette année là ».

Ces conclusions étaient peu engageantes et le commandant Rivière préféra loger tous ses hommes à la Concession, sauf, à partir du 25 avril, la compagnie chargée de défendre la Pagode Royale. Mais, dans le second semestre de 1883, le nombre croissant des troupes fit reprendre le projet primitif. Marché fut passé avec l'entrepreneur chinois Yuen-Tay pour fourniture de la main-d'œuvre et des matériaux nécessaires à la construction de baraquements pour un bataillon au Camp des Lettrés et un bataillon à la Citadelle. Trente-deux baraques de 6 mètres sur 20, huit de 6 sur 12 et deux de 11 sur 69 devaient être élevées en bois et briques avec pavage en carreaux de Ba-Trang (1). Le confort de cette installation laissait cependant à désirer, si l'on en juge par les souvenirs de campagne qui ont été publiés (2).

La campagne terminée, qu'allait devenir le Camp des Lettrés sous le protectorat français ? Il était nécessaire de donner une résidence convenable au représentant de l'autorité royale Nguyên-huu-Do, Tongdoc de Hanoï puis Kinh-Luoc du Tonkin. Comme

____

(1) Archives centrales de l'Indochine, Résidence supérieure au Tonkin, 7600.

(2) F. Garcin, Au Tonkin pendant la conquête. Lettres d'un sergent (21 mai 1884, page 44).

l'expose dans ses souvenirs notre Résident à Hanoi, M. Bonnal (1), lui rendre son ancienne habitation dans la Citadelle eût été l'exposer à des difficultés avec les militaires. Une vaste maison de la rue de la Mission fut d'abord mise à sa disposition, puis on décida en 1886 de lui construire un palais dans l'enceinte du Camp des Lettrés.

Il fut édifié dans l'ancienne enceinte des candidats sur l'emplacement de la pelouse que l'on traverse aujourd'hui, en entrant par la rue Borgnis-Desbordes, pour se rendre à la Bibliothèque centrale, qui n'est autre que le second palais du Kinh-Luoc, reconstruit en 1896 un peu en arrière du premier.

Construit sur les plans et sous la direction du Kinh-Luoc, ce premier « palais » était un édifice assez modeste, surmonté de toits à la chinoise, avec une cour intérieure ornée d'un bassin, de rocailles et de vases de fleurs. A l'extérieur, il était couvert de peintures aux vives couleurs. Les visiteurs admis à pénétrer dans la grande salle où siégeait officiellement le Kinh-Luoc, admiraient « les tentures en soie brodée de devises et de sentences, les tablettes en laque rouge du Tonkin, les meubles sculptés, laqués et dorés ».

Dès l'achèvement des travaux et avant même qu'il n'eût résidé dans sa nouvelle habitation, le Kinh-

---

(1) R. Bonnal, Au Tonkin, notes et souvenirs, 1925, p. 130.

Luoc la mit à la disposition des organisateurs de la première Exposition de Hanoi qui se tint dans le Camp des Lettrés aux mois de mars et avril 1887. La vieille enceinte qui avait abrité nos premiers soldats à leur arrivée au Tonkin, servit de cadre à la première manifestation de la richesse naissante de Hanoi ville française. Décrire cette exposition (1) serait sortir des limites que nous nous sommes tracé, notons seulement l'aspect général du camp d'après le récit d'un visiteur : « Lorsqu'on arrive devant le Camp des Lettrés par une large avenue à laquelle on a donné le nom de Paul Bert, on est tout de suite frappé par l'air gai et riant de cette enceinte de murs blancs, entourés d'un parterre élégant de jeunes arbres, de fleurs et de gazon..... En franchissant la porte d'entrée, le spectacle est charmant. Une large allée bordée d'arbres et de fleurs, de camélias, d'orangers, de citronniers, de pêchers, de dahlias, de chrysanthèmes de rosiers, de plantes des tropiques et des pays modérés mélangées avec art et profusion, traverse toute

____

(1) On trouvera tous les détails dans une série d'articles de l'*Avenir du Tonkin*, du 19 mars au 23 avril 1887. Le « clou » de l'exposition était un chemin de fer Decauville sur un parcours de plusieurs centaines de mètres ; les Annamites le prenaient d'assaut et leur joie était « impossible à dépeindre ». Notons au passage que c'est le capitaine Joffre qui fut chargé de l'aménagement des bâtiments et que parmi les œuvres d'art exposées, on admirait fort la statue de la Liberté éclairant le Monde, actuellement place Neyret La porte de la Gendarmerie est également un souvenir de cette exposition pour laquelle elle fut construit sur les plans du capitaine Roques.

l'enceinte. Elle se termine par une porte de pagode donnant sur la campagne » (1).

Arrivés au terme de la période que nous étudions, nous ne suivrons pas le Camp des Lettrés dans ses démembrements successifs ou ses changements d'affectation : en 1893, installation de la Gendarmerie dans une partie de l'ancienne enceinte des Examinateurs ; en 1897 cession du palais du Kinh-Luoc à la Chambre de commerce ; en 1898 et en 1900 création et agrandissement de l'Ecole Professionnelle dans la partie sud du Camp des Lettrés.

La dernière de ces modifications a donné à une partie du Camp une destination qui rappelle son glorieux passé littéraire. L'ancienne enceinte des candidats, tour à tour palais du Kinh-Luoc et Chambre de Commerce, est devenue en 1919 la Direction des Archives et des Bibliothèques de l'Indochine. La Bibliothèque centrale occupe l'emplacement de l'ancien pavillon « Thap Dao » où les candidats venaient chercher le sujet de leur composition littéraire et porter leur copie à la fin de l'épreuve. Héritiers des lettrés de jadis, les étudiants d'aujourd'hui viennent aux mêmes lieux puiser les éléments de la science occidentale.

----

(1)- P. Vial. Nos premières années au Tonkin, 1889, p. 137.

II

LA CITADELLE

> Alea jacta est! ce qui veut dire :
> les ordres sont donnés! J'attaque de-
> main, au point du jour, 7.000 hommes
> derrière des murs, avec 180 hommes.
> Si cette lettre te parvenait sans si-
> gnature, c'est-à-dire sans nouvelle ad-
> dition de ma part, c'est que j'aurais
> été tué.
>
> Francis GARNIER, 19 novembre 1873.

Le vaste quadrilatère que dessinaient jadis les remparts de la Citadelle — presque entièrement rasés de 1894 à 1897 — est encore visible sur le plan de la ville, marqué par le tracé de quatre grandes artères : l'avenue Brière de l'Isle, les boulevards Carnot, Henri d'Orléans et Félix Faure.

Construits sous Gia-Long en 1805 (1), ils constituaient un des plus remarquables spécimens de ce type de fortifications à la Vauban que l'Indochine doit à des officiers français, compagnons de l'évêque d'Adran. Témoins de la première collaboration franco-annamite, celle des premières années du XIX⁰ siècle, ils méritaient à ce titre d'être respectés. En effet, il est profondément émouvant, comme l'a dit M. Pasquier, « de retrouver dans ces pays d'Extrême-Asie l'empreinte que nous y avons déjà laissée... On ne peut contempler ces monuments sans être saisi par un sentiment de grandiose fierté et de sûre confiance dans le génie de notre race. »

D'inspiration française dans le tracé de ses fortifications, la Citadelle de Hanoi ne peut cependant avoir

____

(1) Bibliothèque de l'Ecole française d'Extrême-Orient, Ms. A 81, fol. 1.

été construite par Olivier de Puymanel, comme on le répète communément, car Olivier est mort trois ans avant la prise de Hanoi par Nguyên-Anh, qui date du 20 juillet 1802. En 1799, l'armée royale était encore en deçà de Quinhon et il ne pouvait être question de tracer les plans d'une citadelle au Tonkin dont la conquête restait tout à fait problématique. Mais, au moment de la victoire de Nguyên-Anh, il restait encore quatre Français auprès de lui : Vannier, Chaigneau, de Forsans et Despiau. D'après les sources annamites, le plan, dessiné par les officiers français, aurait été modifié en 1805 par les mandarins, parce que le tracé de la nouvelle enceinte choquait les géomanciens. Ce n'est pas ici le lieu de s'étendre sur cette question, qui se rattache à une période trop éloignée de celle que nous étudions.

La première description précise de la Citadelle a été faite par le commandant Chapotot, le 16 novembre 1875 (1) : « La forme générale de la Citadelle est celle d'un immense carré. Chacun des côtés du carré comprend trois fronts bastionnés, c'est-à-dire trois courtines, deux bastions et deux demi-bastions. Les fronts du centre, des côtés Nord, Est et Ouest et les fronts extrêmes du côté Sud sont protégés par des demi-lunes sans réduits (pl. VIII).

---

(1) Archives centrales de l'Indochine. Amiraux 13526.

« Cette forteresse possède une berme (1) qui ne mesure pas moins de six à sept mètres de largeur. La hauteur du rempart au-dessus de la berme est d'environ cinq mètres. L'escarpe est revêtue d'une maçonnerie en briques.

« Le fossé du corps de place a une largeur de quinze à dix-huit mètres et une profondeur d'environ cinq mètres. L'escarpe du fossé, comme celle du rempart, est revêtue d'un mur en briques. La contre-escarpe n'a pas de revêtement. Les fossés du corps de place et des demi-lunes sont inondés d'une manière permanente ; la hauteur des eaux ne dépasse pas 1 m. 20 ou 1 m. 30. Il n'y a pas de glacis. »

Les détails techniques de cette description paraîtront plus clairs si l'on veut bien se reporter (pl. VIII) au plan reproduit ci-dessous (2) et aux deux photographies du bastion situé entre la porte Ouest et la lunette Sud-Ouest, seul vestige qui subsiste aujourd'hui des anciens remparts, englobé dans les bâtiments de la Poudrière. L'une de ces photographies, prise à l'angle Nord-Ouest du bastion (pl. IX) permet

---

(1) *Berme*, bande de terrain ménagée entre le fossé et le parapet, pour éviter que l'éboulement du talus ne comble le fossé.

(2) Il existe de nombreux plans de la citadelle. Celui que nous reproduisons d'après un relevé fait en 1888 semble être le plus exact. Egalement intéressant pour le période qui nous occupe est le « Plan de la citadelle de Hanoi dressé par M. Perrin, aspirant de 1re classe du Decrès » en 1873 (Archives centrales de l'Indochine, Amiraux 12.463).

d'apprécier les détails de construction du mur d'escarpe paramenté de grande briques mesurant environ 40 × 14 × 18 centimètres et le profil de la corniche, également en briques, qui supporte un parapet derrière lequel court un chemin de ronde. Sur la seconde photographie, prise de face (pl. X), on voit au premier plan le fossé comblé, d'un niveau aujourd'hui à peine inférieur à celui de la berme qui longe le pied du mur.

Poursuivons la description du commandant Chapotot : « Les communications avec l'extérieur ont lieu au moyen de cinq portes (pl. VII) percées au centre des courtines, protégées par les demi-lunes. Le passage à travers le rempart se fait sous une voûte et se ferme par des portes en bois, très massives et susceptibles d'offrir une sérieuse résistance. On franchit les fossés du corps de place sur des ponts dormants en maçonnerie et joignant entièrement les courtines. Il n'y a donc pas de pont-levis. Ces ponts dormants aboutissent au milieu de la gorge des demi-lunes. Le chemin continue peu de temps sur le terreplein, change de direction à droite et sort de ces ouvrages à ciel ouvert ménagés dans les faces de droite et près de la gorge.

« Ces passages sont fermés par des portes en bois actuellement en très mauvais état. On franchit les fossés des demi-lunes, comme ceux du corps de place sur des ponts dormants en maçonnerie sans pont-levis. »

La porte Nord a seule été conservée, mais elle est murée du côté du boulevard Carnot et c'est seulement de l'intérieur de la Citadelle qu'on peut admirer la magnifique voûte en briques du passage intérieur, long de vingt-trois mètres, et les beaux escaliers à ciel ouvert qui permettent d'accéder au mirador servant autrefois de salle de garde, transformé aujourd'hui en logement militaire. Du côté de l'extérieur, on a respecté les trous produits dans la maçonnerie en briques par le bombardement du 25 avril 1882 qu'une inscription commémore. On remarque également, au-dessus de l'arc d'entrée muré, trois caractères (1).

正 北 門 *Chính-bắc-môn*

(Porte exacte au Nord)

L'ensemble de ces fortifications aurait présenté une valeur défensive sérieuse si elles avaient été dotées d'une artillerie moderne. Mais l'armement se composait de canons rouillés « qui auraient figuré plus avantageusement dans la boutique d'un brocanteur que sur les remparts d'une forteresse ». Leur portée était si faible que, le 25 avril 1882, quand ils essayèrent de répondre au bombardement de nos canonnières du fleuve, leurs projectiles tombèrent à mi-chemin dans les quartiers annamites.

---

(1) Les transcriptions de caractères chinois sont dues à M. Tran-Ham-Tan, lettré de l'Ecole française d'Extrême-Orient.

A l'intérieur, la Citadelle renfermait, au milieu de vastes jardins, d'étangs et de rizières, trois groupes principaux de bâtiments : au centre, la Pagode royale et la tour du Mirador ; à l'Ouest, les magasins provinciaux ; à l'Est, les logements et les bureaux des mandarins représentants de l'Empereur dans la province.

La Pagode royale s'élevait sur l'emplacement de l'ancien palais de la dynastie des Ly, construit par Thai-To au début du XIe siècle de notre ère (1), à un endroit choisi en raison de ses merveilleuses conditions géomantiques (2) et des défenses magiques qui le protégeaient contre les influences néfastes. On est frappé, en jetant les yeux sur le plan (pl. V), de ce que la Pagode royale ne se trouve pas tout-à-fait dans l'axe de la Citadelle, dont la direction générale est Nord-Nord-Ouest — Sud-Sud-Ouest. L'orientation de la Pagode royale est marquée par une inflexion plus accentuée vers le Nord-Ouest. Il faut en trouver l'explication dans le désir d'utiliser certaines particularités de la configuration du terrain tout en respectant les règles fixes qui imposaient l'une des directions *ti* à *ngo, qui* à *dinh, nhâm* à *binh, can* à *ton.*

----

(1) Maspero. Le, protectorat général de l'Annam sous les Tang, B. E. F. E. O., 1910, t. X, p. 539.

(2) Sur les règles géomantiques qui président au choix de l'emplacement d'une ville, voir L. Cadière. La merveilleuse capitale, Bull. des Amis du Vieux Huê, 1916, p. 246.

Protégée par une enceinte rectangulaire dont quelques-unes des portes ont été conservées (voir la photographie planche XV), la Pagode royale comprenait, du Sud au Nord, trois bâtiments : le Doan-Môn, le Kinh-Thiên et le Han-Lau. Le premier de ces bâtiments, le seul qui soit conservé dans son ensemble, constituait une entrée monumentale, percée de cinq grandes portes, dont les trois principales sont murées aujourd'hui. Au-dessus de puissants soubassements en briques, se dressait un mirador chinois à deux étages, dont l'élégante silhouette a été défigurée par une véranda et des portes-fenêtres. Un relevé exécuté en 1888 montre l'aspect ancien de la face Sud (pl. XI) que l'on pourra comparer avec une photographie toute récente de la face Nord (pl. XII). Au-dessus de la porte principale du côté Sud, on lit encore l'inscription suivante :

端門 *Ðoan môn* (Porte directe)

Le pavillon central (pl. I), Kinh-Thiên (respecter le ciel), construit sur un tertre sacré, le Nung-Son, considéré pendant des siècles comme le palladium de la cité, était « un des chefs d'œuvre de l'architecture annamite. Aux arêtes de son toit se déroulent de longs serpents de pierre, à l'épine dorsale dentelée. Leurs têtes relevées marquent les quatre angles du monument » (1). A l'intérieur, « les colonnes très hautes

____

(1) F. Garcin, Au Tonkin pendant la conquête, p. 48.

et larges d'une brassée étaient toutes en bois de lim »
(1). Le Kinh-Thiên a été démoli en 1886 pour faire
place au bâtiment occupé aujourd'hui par la Direction
de l'Artillerie. En revanche, les magnifiques escaliers
(pl. XIII et XIV) de la terrasse existent encore et
les énormes dragons de pierre qui se déroulent le long
des marches dateraient des Ly, d'après une tradition
dont M. Maspero se fait l'écho (2). Il est douteux
qu'ils remontent à une époque aussi ancienne et leur
ressemblance avec les dragons des escaliers du tombeau de Gia-Long à Hué permet de les attribuer avec
plus de vraisemblance au début du XIXe siècle, comme le reste de la Citadelle.

Quant au troisième bâtiment, le Han-Lau, inexac-
tement appelé Pagode des Dames, il était déjà en
ruines en 1876 quand Petrus Ky visita Hanoi; entièrement reconstruit il sert aujourd'hui de logement militaire.

Au Sud et dans l'axe de la Pagode royale, s'élève
la haute tour que nous appelons communément le Mirador (pl. XVI) et les Annamites le « Côt-co », littéralement le « Poteau du Drapeau », parce qu'on y
plantait jadis le drapeau jaune de l'Empereur aux
jours de fête (3).

---

(1) Petrus Ky, Voyage au Tonking en 1876, Bibliothèque de l'Ecole
française d'Extrême-Orient, 8° 3621, page 7.
(2) Maspero, loco cit., p. 558.
(3) Bibliothèque de l'Ecole française d'Extrême-Orient, ms. A 81, fol. 3.

Construit par Gia-Long en 1812 (1), ce monument, le mieux conservé de la Citadelle, se compose à la base de trois terrasses rectangulaires décroissantes, dont l'inférieure mesure quarante-deux mètres et la supérieure quinze mètres de côté. Les portes de la seconde terrasse ont encore, sauf une, leurs inscriptions anciennes en caractères :

Porte de l'Est, 迎 旭 *Nghênh-húc* (recevoir l'aurore).

Porte du Sud, 向 明 *Hướng-minh* (se tourner vers la lumière).

Porte de l'Ouest, 回 光 *Hôi-quang* (retourner les rayons).

La troisième terrasse est surmontée de la tour octogonale, au sommet de laquelle on accède par deux escaliers à vis indépendants l'un de l'autre, dont un seul est actuellement praticable. Au-dessus de la porte d'accès, on lit l'inscription suivante :

旗 臺 *Kỳ-đài* (Tour du drapeau)

Les magasins provinciaux où l'on versait le produit des impôts en nature et en espèces, étaient situés au Sud de l'emplacement actuel du lycée Albert Sarraut.

---

(1) Bibliothèque de l'Ecole française d'Extrême-Orient, ms. A 81, fol. 2.

Ils se divisaient en greniers à riz — destinés notamment au paiement en nature de certains fonctionnaires et aux distributions publiques — et en trésor où l'on enfermait les ligatures et les monnaies ou lingots d'argent. La charge de ces magasins était confiée au Quan-bô, dont les bureaux étaient installés auprès de la porte Nord. Les autres grands mandarins, Tong-doc, Tuân-phu, Quan-an et Dê-doc avaient leur résidence dans la partie orientale de la Citadelle; la demeure du Tuân-phu était occupée en 1873 par le maréchal Nguyên-tri-Phuong, envoyé de l'Empereur.

En parcourant l'ancienne Citadelle, on voyait encore le Champ des exercices militaires, près de l'actuelle Direction des finances, les écuries des éléphants au pied du Mirador, la prison, dans l'angle Nord-Est, le champ de tir, l'arsenal, et diverses pagodes, notamment le temple de Khan-Son sur la colline artificielle du même nom, derrière les magasins provinciaux, le Vu-Miêu, temple du Dieu de la guerre, enfin, près du Mirador, le petite temple de Bà-Liêu-Hanh, abrité sous un banian gigantesque « arbre colossal, aux branches extraordinaires, aux racines adventices grosses comme des barriques, contournées depuis des siècles dans des directions voulues et patiemment obtenues; figurant ici des dragons et là-bas s'enroulant et s'accrochant comme des serpents. Il y avait des colonnes verticales qui paraissaient soutenir un plafond de feuillage, des enchevêtrements rappelant des formes de trônes, d'autels, tout cela recouvrant un espace de cinquante pieds dans tous les sens (1) ».

En résumé, la citadelle de Hanoi n'était pas seulement la principale forteresse du nord de l'Indochine, mais encore le siège de l'administration d'une vaste province et la capitale historique du Tonkin, dont elle avait abrité la dynastie nationale pendant des siècles. Aussi la prise de la Citadelle par Francis Garnier le 20 novembre 1873 eut-elle un retentissement moral considérable. Pour que cette place forte, défendue par le plus grand homme de guerre de l'Empire d'Annam, le maréchal Nguyên-tri-Phuong, et des milliers d'annamites ait pu tomber en quelques heures entre les mains d'un lieutenant de vaisseau et de 180 soldats ou matelots français, il fallait que ces derniers fussent invincibles. C'est ce qui explique en partie la rapidité foudroyante de la conquête des provinces voisines : Quand un des lieutenants de Garnier se présenta devant la citadelle de Hung-yên, le Quan-an lui ouvrit les portes en disant : « Nous n'avons pas la prétention de défendre notre petite citadelle contre les Français qui ont pris celle de Hanoi ! ».

Plusieurs récits de cette mémorable journée du 20 novembre 1873 ont été publiés, mais un document capital, le rapport militaire de Francis Garnier à

____

(1) Dumoutier, Revue Indochinoise, 1901, p. 396.

l'Amiral Gouverneur de la Cochinchine, est encore inédit (1) :

Hanoi, le 1er décembre 1873.

« Amiral

« J'ai l'honneur de vous rendre compte des opérations militaires qui ont amené la prise de la ville d'Hanoi et des principales forteresses de la province dont elle est la capitale.

« Un dernier ultimatum avait été envoyé le 19 dans l'après-midi au Maréchal gouverneur général du Tong-king. J'exigeais une déclaration écrite qu'il ne s'opposerait pas par la force à l'exécution de mes arrêtés commerciaux et qu'il cesserait ses préparatifs de guerre. Aucune réponse ne m'étant parvenue, je résolus d'attaquer la Citadelle le lendemain matin au point du jour.

« A cinq heures et demie du matin, une première colonne commandée par M. Bain de la Coquerie, enseigne de vaisseau, et composée de trente marins et d'une pièce de 4, quittait le campement pour aller prendre position devant la porte Sud-Ouest de la Citadelle.

« A cinq heures quarante-cinq, une seconde colonne commandée par M. de Trentinian et composée de trente hommes d'infanterie de marine se mettait en

---

(1) Archives centrales de l'Indochine, Amiraux 12466.

marche vers la porte Sud-Est, la plus rapprochée du campement. Enfin à cinq heures cinquante, M. Esmez à la tête de trente marins et de 3 pièces de 4 prenait la même direction, suivi par une réserve de 20 marins du *Décrès* commandés par le capitaine d'armes de ce navire. Le camp restait sous la garde de M. Bouillet, ingénieur hydrographe et de dix hommes.

« En rade, le tir du *Scorpion* et de l'*Espingole* avait été préparé dès la veille et devait être dirigé sur les portes Ouest, Nord et Est, c'est-à-dire sur celles que nous n'attaquions pas. Une pièce de 4 fut mise en batterie à cinq heures du matin sur une porte située à quelques mètres du bord de l'eau à l'entrée de la rue (1) aboutissant à la porte Est. Le tir de cette pièce était direct ; le tir de la rade se faisait au jugé ; mais toutes les distances et toutes les directions avaient été repérées avec soin.

« A 6 heures sonnantes, au moment où, à la tête du détachement de M. de Trentinian, je mettais le pied sur le pont du redan (2) de la porte Sud-Est, la mousqueterie de M. Bain éclatait à ma gauche et les premiers obus de la rade arrivaient dans la Citadelle. La surprise de l'ennemi fut complète. Déconcerté par une attaque aussi multiple et aussi précise, il ne sut pas reconnaître quel était le point réellement

---

(1) Rue de la Saumure.
(2) Demi-lune qui protégeait la porte.

menacé. Nous pûmes débarrasser le pont du redan
des chevaux de frise dont il était encombré, sans
avoir rien à craindre du feu de la place. Quand les
canonniers du rempart arrivèrent à leurs postes, nous
étions déjà à l'abri contre le mur du redan ; ses défenseurs n'eurent d'autre ressource que de nous jeter
des pierres. Nos haches ne réussissant pas à entamer
la porte, je fis mettre une pièce en batterie sur le pont ;
trois coups à mitraille nous ouvrirent le passage. M.
de Trentinian et l'infanterie de marine se précipitèrent
immédiatement à l'intérieur du redan dont les défenseurs, ne pouvant se réfugier dans le corps de place,
s'enfuirent sur la berme ou se noyèrent dans le fossé.
Un feu très vif de tirailleurs fut dirigé sur tout ce qui
apparaissait sur le rempart et découragea les tentatives
plusieurs fois répétées par les servants de pièces pour
les pointer contre nous (pl. IV).

« Pendant ce temps, M. Esmez faisait prendre position à son artillerie sur le pont du fossé et battait en
brèche la porte de la place, sous une grêle de pierres
jetées par dessus le rempart. Cette porte solide résista
longtemps. Dès qu'un passage y fut pratiqué, je péné-
trai sous la voûte suivi de quelques hommes et j'aper-
çus devant moi les porteurs de parasol du mandarin
qui dirigeait la défense. J'étais loin de me douter à
ce moment que ce mandarin était le Maréchal lui-
même et que par une coïncidence singulière, il s'était
assigné comme poste de combat la porte même que je

devais attaquer. Un court engagement aux révolvers
et aux chassepots déblaya complètement la porte, les
Annamites s'enfuirent dans toutes les directions. On
acheva de défoncer la porte et deux pièces de canon
furent immédiatement montées sur le rempart, prêtes
à diriger leur feu vers l'intérieur. Au même moment,
une sonnerie de clairon m'annonçait que M. Bain
était maître de la porte voisine. Il n'avait éprouvé
aucune résistance dans le redan; à l'attaque du corps
de place, il avait essuyé une décharge à mitraille de
l'artillerie du rempart qui n'avait atteint personne.

« J'expédiai immédiatement M. de Trentinian à
l'intérieur de la Citadelle pour se saisir de la personne du Maréchal ; et M. Hautefeuille, aspirant de
1re classe avec quelques hommes pour prendre possession de la porte Est. J'envoyais en même temps
l'ordre à M. Bain, de se porter avec la moitié de son
détachement à la porte Ouest par laquelle s'échap-
paient de nombreux fuyards. Enfin, voyant l'ennemi
se réfugier en grand nombre dans la tour (1) située
entre les deux portes du Sud et ses deux étages se
garnir de défenseurs, je lançais dans cette direction
M. Esmez en ne gardant auprès de moi que la réserve. Deux coups à obus bien dirigés déblayèrent la
tour de ses défenseurs. Un instant après, M. Esmez
faisait flotter à son sommet les couleurs nationales,

---

(1) Le Mirador.

signal convenu pour faire cesser le feu de la rade.
Il était en ce moment 6 h. 55 minutes. M. Esmez
se porta immédiatement à la porte Nord. Du côté
de la porte Est, M. Hautefeuille n'ayant que 5 hommes avec lui, se trouvait amené en arrière ; je lui
envoyai le capitaine d'armes du *Décrès* avec la ré
serve et je fis mettre une pièce en batterie pour balayer
cette face du rempart. Quelques minutes après la pavillon français flottait sur les cinq portes de la Citadelle. Nous n'avions aucun blessé ».

Au lendemain de la prise de la Citadelle, Garnier
fit condamner et barricader toutes les portes, pour
faciliter la surveillance, une seule exceptée, celle de
l'Est qui donnait sur la ville. Puis il commença des
travaux d'aménagement intérieur, afin, écrivait-il à
l'Amiral « d'occuper immédiatement la population
pauvre, naturellement poussée au pillage dans les mo-
ments de crise. Ces travaux, pour lesquels s'est offert
aussitôt un entrepreneur chinois, ont puissamment contribué à faire cesser le malaise qui règne toujours dans
une grande ville à la suite d'une conquête et ont affir-
mé pratiquement notre intention de rester ici. A ce
dernier point de vue, ils ont produit le meilleur effet.

« Je fais éclairer et diviser la grande maison annamite qui servait de logement au Roi. Elle est bien située. Vous pourrez y trouver, quand vous viendrez ici,
un logement sinon confortable, du moins convenable.
Sous peu de jours, on commencera une caserne pour y

loger la compagnie d'infanterie de marine. Il n'y a, en effet, d'autres maisons habitables dans la citadelle que celles des autorités de la province ; mes troupes y sont maintenant logées et les nouveaux dignitaires sont encore sans habitation. Il est préférable de leur rendre les maisons annamites et de loger nos hommes à l'européenne (1) ».

De ce quartier général, Francis Garnier dirigeait les mouvements de ses lieutenants envoyés à la conquête du Delta et qui s'emparaient tour à tour de Phu-Hoaï, Hung-Yên, Phu-Ly, Ung-Hoa, Hoai-Yên, Gia-Lam. Dès le 3 décembre, il pouvait écrire « notre protectorat est en ce moment acquis à deux millions d'âmes au Tong-King ». En même temps il procédait à l'organisation administrative du pays, recevant la soumission des autorités locales, les faisant adhérer à ses règlements de commerce, expédiant des lettres aux mandarins de toute la contrée et organisant des milices indigènes, qui atteignirent un effectif de 4.000 hommes au début de décembre.

L'administration nouvelle, sans répudier l'autorité de Tu-Duc et en agissant en son nom, devait recevoir l'investiture française. Aux mandarins qui se soumettaient et à ceux nouvellement nommés, Garnier remettait des cachets portant six caractères signifiant « le grand royaume de France protège ». Tous les actes

---

(1) Lettre inédite de Fr. Garnier à l'Amiral Dupré, du 3 décembre 1873. Archives centrales de l'Indochine, Amiraux 12466.

officiels devaient porter la formule « au nom de Tu-Duc, sous le Protectorat de la France ». Un des nouveaux mandarins, Joseph Fils, ayant lancé, dans son zèle intempestif, une proclamation « au nom de la France », fut immédiatement révoqué.

Après une étude approfondie des ressources de la province de Hanoi, Francis Garnier se faisait fort de l'administrer, sans qu'il en coutât un centime au Gouvernement de la Cochinchine : « L'impôt personnel et foncier de la province qui a 56.000 inscrits et 200.000 hectares de riz officiellement déclarés s'élève à environ 500.000 francs par an. Les pêcheries, les patentes de boutiquiers, etc., dont les propriétaires sont déjà venus me trouver pour faire régulariser leurs titres, peuvent produire encore une centaine de mille francs. Ce revenu minimum de 600.000 francs est plus que suffisant pour couvrir les frais d'administration et de milices ».

En attendant le recouvrement de ces revenus ordinaires, Garnier disposait immédiatement des approvisionnements de la Citadelle qui se montaient à « 204.000 francs en ligatures et 1.000.000 au moins en riz, sel et métaux. Une partie de cette somme peut être affectée à un fonds de réserve ; la plus grande partie doit être employée en travaux de balisage, de constructions de places, d'installations et de logements de troupes... La construction d'un phare à Dao-Son s'impose comme une nécessité de premier ordre. Il est indispensable de relier Hanoi au point d'atterrage par un fil télégraphique. » Quant au revenu des Douanes, il devait couvrir les frais de la station navale, chargée de la police du golfe du Tonkin et de la surveillance des cours d'eau.

En vue de la mise en valeur du pays, Garnier étudiait également la question si importante des mines : « Dès que j'aurai pu reconnaître les gisements que l'on me signale, je compte faire d'autorité pour l'industrie minière ce que j'ai fait pour le commerce, c'est-à-dire en proclamer la liberté. Je désirerais que les commerçants de Saigon fussent prévenus de cette éventualité et songeassent à créer en Cochinchine un marché de métaux. Je n'ai pu décider qu'avec peine et en lui faisant des avantages spéciaux le négociant chinois venu avec moi de Saigon, à expédier dans notre colonie par le *Lao-Kay* une certaine quantité de zinc, qu'il voulait vendre à Hong-Kong. Il m'objectait qu'à Saigon personne n'achèterait les métaux. Nos commerçants doivent à tout prix se créer des relations avec les marchés de métaux européens pour détourner vers eux un courant qui se porterait sans cela vers le Nord ».

L'impulsion donnée au commerce local par Garnier fut si vive que, quatorze jours après la prise de Hanoi, un navire entièrement chargé par l'initiative privée, le *Lao-Kay*, partait pour Saigon, emportant une grande quantité de zinc et pour cent cinquante mille francs de soie, amidon et autres marchandises.

Ces détails, que nous empruntons à des lettres inédites de Francis Garnier (1), intéressent au premier chef l'histoire de la ville de Hanoi, qui serait née à la vie moderne dix ans plus tôt, sans la mort prématurée de ce grand précurseur.

C'est au cœur de la Citadelle que Francis Garnier avait vécu ces journées fiévreuses où il ébauchait le plan d'action politique et économique que nous avons résumé, tout en négociant avec l'envoyé de la Cour de Hué, en adressant des proclamations aux habitants, en rédigeant des instructions et des ordres pour ses lieutenants. C'est en défendant la Citadelle attaquée par les Pavillons noirs qu'il trouva la mort.

Le dimanche 21 décembre, après la messe célébrée par Mgr Puginier, Garnier s'était rendu à dix heures chez les ambassadeurs Trân-Dinh-Tuc et Nguyên-Trong-Hiêp arrivés deux jours avant de Hué pour engager les préliminaires du traité de paix. On l'avertit qu'un fort détachement de Pavillons Noirs marchait vers la Citadelle, venant de Sontay. Il courut à la porte du Sud-Ouest contre laquelle les Chinois avaient ouvert le feu à 200 mètres avec de petites pièces de campagne, et riposta avec une pièce de 4 dont les obus

---

(1) Archives centrales de l'Indochine, Amiraux 12466.

ne tardèrent pas à jeter la confusion parmi les ennemis qui commencèrent bientôt à se retirer.

Garnier voulut transformer leur retraite en déroute : « Une sortie est indispensable, dit-il aux officiers qui l'entouraient, nous ne pouvons garder un semblable ennemi à mille mètres de la Citadelle ». Les circonstances dans lesquelles il trouva la mort au cours de cette sortie sont trop connues pour qu'il soit utile de les rappeler ici.

Le corps décapité de Garnier fut ramené par le sergent Champion à la Citadelle, avec ceux de deux marins tués en même temps. Jean Dupuis vint le lendemain leur rendre une ultime visite : « Rien d'horrible comme ces cadavres sans tête. Ils sont là, étendus sur la paille, tels qu'ils ont été rapportés hier soir. M. Garnier a le bras droit écarté, celui de gauche ramené le long du corps, le pied droit est chaussé d'une bottine, l'autre n'a qu'une chaussette blanche. Les vêtements sont en lambeaux, le corps est couvert de blessures faites par les sabres et les lances. La poitrine est ouverte, le cœur arraché et la peau du bas-ventre enlevée. Les deux mains sont crispées (1) ». Après le service célébré par Monseigneur Puginier le 23 décembre à huit heures du matin, en présence de Mgrs Sohier et Colomer, les corps (2) enfermés dans

---

(1) Dupuis, Le Tonkin de 1872 à 1886, 1910 p. 196.

(2) Les corps seulement ; les têtes restituées plus tard par les Annamites, furent placées dans les cercueils seulement le 6 janvier suivant.

des cercueils en bois très épais furent enterrés près de la Pagode royale, au pied de deux grands banians.

La Citadelle fut évacuée par nos troupes le 12 février 1874, en exécution de la convention Philastre. Par l'article 8 de cette convention, les autorités annamites s'étaient engagées à respecter les tombes françaises à l'intérieur de la Citadelle et à « s'entendre avec le Résident français pour trouver un autre lieu de sépulture en dehors de la Citadelle, ce qui aura lieu dans le délai d'un mois ». En fait, la translation ne put être effectuée que vingt mois plus tard, par les soins de notre consul, M. de Kergaradec, qui jadis, à sa sortie de l'école navale avait été aspirant sur le Suffren en même temps que Garnier (1).

Le 3 novembre 1875, à sept heures du matin, il se rendit à la Citadelle, accompagné du commandant supérieur, du secrétaire du consulat et du médecin-major Jardon chargé de rédiger le rapport médico-légal (2) sur l'exhumation des corps. Cette pénible

----

(1) Lettre de M. de Kergaradec à Luro, du 16 décembre 1875, publiée par Gautier, Les Français au Tonkin, 1890, p. 323.

(2) Voici un extrait de ce rapport, concernant Francis Garnier : « le crâne présente : 1°) la trace d'un coup de sabre d'une étendue de six centimètres au niveau de la suture du temporal droit ; 2°) une section nette par instrument tranchant de l'apophyse zygomatique gauche à la racine ; 3°) deux taches noirâtres sur le pariétal droit et une sur le frontal à sa partie moyenne. Deux vertèbres, l'atlas et l'axis accompagnaient le crâne, d'où section probable du cou au niveau de la 3e vertèbre cervicale, car la troisième et la quatrième manquent. Le thorax présente une fracture des côtes. » (Archives centrales de l'Indochine, Amiraux 12988).

opération dura presque toute la journée et le cortège arriva seulement à quatre heures de l'après-midi à la petite église de Hanoi, où les cercueils furent veillés pendant toute la nuit.

Le lendemain une messe mortuaire fut dite par Monseigneur Puginier à·sept heures, puis le convoi se dirigea vers le nouveau cimetière français de la Concession, au milieu d'une foule énorme. Les porteurs du catafalque, recrutés parmi les Annamites chrétiens, étaient 'au nombre d'une centaine. Le service d'ordre était assuré par une compagnie de soldats annamites. Un grand nombre de coolies avaient été employés les jours précédents à améliorer les chemins d'accès au cimetière et à élargir les portes de quartier trop étroites pour laisser passer le cortège (1).

Pendant les huit années que dura la période des Consulats, les mandarins reprirent dans la Citadelle leur vie ancienne, entretenant avec notre Représentant des relations en apparence cordiales, cherchant en réalité à lui susciter les pires difficultés.

La situation devint de plus en plus tendue à la fin de l'année 1881. Les mandarins accueillirent dans la Citadelle des bandes de Pavillons noirs, dont la présence créait un véritable danger pour la Concession.

____

(1) Lettre de M. de Kergaradec au Gouverneur, en date du·9 novembre 1875. — Archives centrales de l'Indochine, Amiraux 12988.

Le 28 novembre 1881, le gouverneur Le Myre de Vilers, soucieux d'éviter une intervention sanglante, demanda à notre consul un rapport détaillé sur les moyens à employer éventuellement pour « occuper par surprise, sans avoir recours à la force, la Citadelle de Hanoi et chasser les Pavillons noirs de leurs positions. » Il l'invitait en même temps « à ne pas perdre de vue qu'il ne faut pas engager la guerre, que nous devons opérer lentement, pacifiquement, administrativement (1), sans tirer un coup de fusil, sauf contre les pirates et brigands, au nombre desquels nous comptons les mercenaires chinois ».

M. de Kergaradec répondit le 5 février 1882 : « Il n'est assurément pas difficile de prendre sans coup férir la Citadelle de Hanoi. Voici l'un des moyens qu'on pourrait employer : Au cours d'une des promenades militaires qu'on est maintenant habitué à voir faire à nos troupes, la tête de colonne n'aurait qu'à tourner à gauche, par exemple, en passant devant la porte de l'Est pour se trouver de suite à l'intérieur du redan qui protège l'entrée principale. Le pont du fossé serait franchi au pas de course et nos soldats seraient maîtres de la place sans avoir tiré un coup de fusil (2) ».

---

(1) Les mêmes termes furent employés dans les instructions données au commandant Rivière.
(2) Archives centrales de l'Indochine, Amiraux 10632.

Aucune suite ne fut donnée à ce projet, car, au moment où M. de Kergaradec écrivait ces lignes, l'expédition Rivière était déja décidée.

Le commandant Rivière arriva à Hanoi le dimanche 2 avril 1883. Il était animé du plus grand désir d' « éviter les coups de fusil » comme le lui recommandait le gouverneur de la Cochinchine : « Je vais là comme Fabius Cunctator, écrivait-il à un de ses amis, et je ne passerai le Rubicon, comme César, que si j'y suis absolument forcé. »

Raisonner ainsi était facile de loin ; sur place, Rivière se rendit compte très vite, comme Garnier neuf ans plus tôt, que garder l'expectative était s'exposer à être écrasé par un ennemi qui hâtait les préparatifs (1). Devant le danger grandissant il fit venir des renforts de Haiphong et, disposant par là de 620 hommes, envoya le 25 avril de grand matin un ultimatum au Tong-doc. Aucune réponse n'étant parvenue à huit heures, il fit commencer le bombardement de la Citadelle d'abord par les canonnières : le Fanfare, la Massue et la Carabine, puis par des pièces de campagne mises en batterie en face des portes de l'Est et du Nord.

Pendant que la compagnie du capitaine Retrouvey simulait une fausse attaque de la porte de l'Est, tout l'effort se concentrait sur la face Nord. A 10 h. 45,

---

(1) Livre jaune, Affaires du Tonkin, 1re partie, 1874-1882, p. 222 et ss.

le commandant Riyière s'emparait de la demi-lune
qui protégeait la porte Nord. En même temps, les
abordeurs munis d'échelles de bambous escaladaient
la bastion Nord-Ouest et dégageaient la porte, de
l'intérieur. A onze heures la Citadelle était prise.
Nous avions seulement quatre blessés (1).

Autant les journées du 20 novembre 1873 et du
25 avril 1882 offrent d'analogies, autant est opposée
la conduite des deux chefs après la victoire. Nous
avons vu que Francis Garnier s'était immédiatement
installé dans la Citadelle d'où il s'était emparé de
l'administration de la province, organisant un véritable
protectorat de fait. Au contraire, Henri Rivière s'em-
pressa de remettre sa conquête au Quan-an nommé
gouverneur intérimaire, laissant seulement dans la
Pagode royale une compagnie d'infanterie, sous les
ordres du capitaine Retrouvey. Il avait d'abord songé
à démanteler la Citadelle et fit pratiquer des brèches
dans les remparts, notamment de part et d'autre de la
porte Sud-Est, mais il dut bientôt renoncer à poursuivre une entreprise aussi considérable. Quant à l'administration indigène, il ne s'en mêla nullement et laissa
en place tous les mandarins (2).

---

(1) Voir le rapport du commandant Rivière dans le Livre Jaune
p. 246-250, et dans Bouinais et Paulus, L'Indochine française contemporaine, tome II, 1885, pp. 102-105.

(2) Le commandant Rivière avait reçu du Gouverneur les instructions
les plus formelles à cet égard (Archives Centrales de l'Indochine,
Amiraux, Registre B. 223, Autorités militaires, p. 3).

Le capitaine Retrouvey tranforma la Pagode royale
en réduit fortifié, « remplaçant sa balustrade ajourée
par un affreux mur crénelé» (1) et y transporta quelques canons. Ces précautions n'étaient pas inutiles.
Après onze mois de tranquillité relative, la Citadelle
fut attaquée dans la nuit du 26 au 27 mars 1883
par les Pavillons noirs, profitant de ce que la garnison était diminuée par suite de l'expédition du commandant Rivière à Nam-Dinh. Le feu des pièces
d'artillerie du capitaine Retrouvey contint les assaillants jusqu'au jour et le commandant Berthe de Villers les obligea à repasser le fleuve.

La situation des défenseurs de la Pagode royale
devint surtout critique après le désastre du 19 mai.
Les Pavillons noirs s'avançant jusqu'au centre de la
ville, toute communication était rompue entre la Concession et la Citadelle. Enfermée « comme sur un
bâtiment en détresse, la compagnie d'infanterie de
marine ne vivait que de biscuits et de conserves ration-
nées ». L'arrivée des petites garnisons de Hongay et
de Qui-Nhon et les 500 hommes de renfort venant
de la Cochinchine permirent heureusement de dégager
la ville à temps.

Les trois batteries d'artillerie et les troupes de
France qui débarquèrent à Hanoi en août 1883 furent

---

(1) L. Yann, Croquis Tonkinois, 1889, p. 80.

casernées dans la Citadelle. Mais·on dut se contenter de construire en hâte quelques paillotes et les soldats endurèrent les mêmes souffrances que leurs camarades au Camp des Lettrés dix ans plus tôt. « Les moustiquaires n'ont pu encore être distribuées aux canonniers et beaucoup d'entre eux souffrent cruellement de piqûres de moustiques aux pieds. Les insupportables démangeaisons qui s'ensuivent provoquent des écorchures qui, au contact des boues des rizières et des chemins se transforment en plaies annamites. Un grand nombre d'hommes sont rendus ainsi indisponibles en peu de temps » (1).

Des baraquements un peu plus confortables furent construits en 1884 par un entrepreneur chinois pour les officiers subalternes et les soldats. Les officiers supérieurs étaient logés dans les demeures des anciens mandarins. « Quelques-uns, les mieux partagés, ont leurs lares en haut des miradors (2) ».

Au mois de mai 1884, l'hôpital de la Concession et les infirmeries régimentaires étant encombrés de fiévreux et de dysenteriques, il fallut songer à installer un hôpital dans la Citadelle. Seuls les anciens magasins provinciaux offraient des locaux assez vastes, mais ils étaient sombres et humides. On les aménagea tant bien que mal et le premier convoi arriva le 30 juin

____

(1) G. Humbert, Historique succint de l'artillerie au Tonkin pendant les années 1883 et 1884. Paris, 1884, p. 15.

(2) L. Huguet. En colonne, souvenirs d'Extrême-Orient. Paris, s d. p. 3.

1884. Il était formé par les blessés de la colonne Du-
genne, transportés à bord de l'*Eclair*. Le nouvel hôpital n'avait pour les recevoir que « des matelas encore
remplis de pus et de sang » (1) envoyés au dernier
moment par le service de la marine, et ne disposait que
de vingt civières pour effectuer en pleine nuit le transport de soixante-dix blessés du débarcadère à la Citadelle.

Malgré l'insuffisance des casernements et de l'hôpital, c'est la bonne humeur et la gaieté qui dominent
dans les récits de campagne des années 1884 et 1885
où il est fait allusion à la Citadelle. La joyeuse animation des troupes récemment débarquées faisait un
pittoresque contraste avec le cadre encore intact et
jadis somnolent de la vieille Citadelle annamite. Les
derniers éléphants des anciennes écuries royales guidés
par leurs cornacs, se promenaient au milieu des soldats : « pour deux sous placés dans leur trompe, ils
font une petite génuflexion, aux grands éclats de rire
de nos troupiers (2) ». Les nouveaux arrivants ne man-
quaient pas d'aller visiter les ruines du temple du
Grand Banian, gardées par une vieille annamite qui
prétendait descendre de la dynastie des Lê et être née
dans le palais voisin : « Quand nos troupes prirent

---

(1) Dr Challan de Belval. Au Tonkin, 1883-1885. Paris, 1904,
p. 218.
(2) F. Garcin, Au Tonkin pendant la Conquête, p. 48.

possession de la Citadelle, raconte Dumoutier (1), elle se mit sous leur protection et se rendit utile en donnant asile, dans le cloître du banian, à quelques beautés indigènes qu'un règlement impitoyable excluait, pendant la nuit, des intérieurs militaires. Peut-être certains censeurs trouveront-ils que le rôle de la prêtresse de sang royal ne fut, dans cette circonstance, ni d'une distinction aristocratique, ni d'une correction canonique et que son temple mérita de changer de vocable ».

Le Mirador fut d'abord utilisé pour la télégraphie optique. Sur la plate-forme du sommet, on disposa une lampe à pétrole munie de réflecteurs. Un obturateur masquant et démasquant la lumière à intervalles réguliers permettait de transmettre des signaux Morse à Bac-Ninh où fonctionnait un appareil analogue (2). Ce système rendit les plus grands services jusqu'à l'établissement des lignes télégraphiques de Lang-Son et de Haiphong en 1885.

Quand la vie européenne prit naissance à Hanoi, en 1887, le Mirador reçut une nouvelle destination toute pacifique cette fois, celle de tribune pour les courses. Le terrain qui le sépare de la Pagode royale et qui sert aujourd'hui de champ d'exercice et de terrain de sport, fut aménagé en piste d'un parcours de 1.200 mètres. Pour les réunions hippiques, un immense velum

---

(1) Revue Indochinoise, 1901, p. 396.
(2) Paul Bonnetain. Au Tonkin. Paris, 1887, pp. 53 et 316.

était tendu au-dessus des terrasses dont l'une était réservée « aux dames et aux autorités » et l'autre aux officiers.

A partir de 1885, on commença la construction de grandes casernes et de nombreux bâtiments militaires, sur l'emplacement des anciens logements de mandarins. Le Kinh-Thiên fut démoli en 1886 pour faire place à l'actuelle Direction de l'artillerie.

L'aspect d'ensemble de la Citadelle resta cependant sensiblement le même jusqu'en 1894, où fut entreprise la démolition des remparts, sur un vœu émis par le Conseil municipal le 28 juillet 1893. Les raisons que l'on a mis en avant pour justifier cette mesure sont loin d'être convaincantes et le jugement le plus modéré que l'on puisse formuler est celui de M. Doumer, nommé gouverneur général au moment où l'on achevait la démolition, en 1897 [1] : « J'arrivai trop tard pour sauver les parties intéressantes. Les portes, en particulier, méritaient d'être conservées. Elles avaient un grand caractère, auquel s'ajoutaient, pour leur donner droit à notre respect, les souvenirs historiques qui y étaient attachés. Elles auraient embelli les futurs quartiers de la ville et n'auraient pas plus gêné la circulation et contrarié les alignements que ne le fait à Paris, toute proportion gardée, l'arc de triomphe de l'Etoile ».

---

[1] Doumer, L'Indochine française, 1905, p. 123.

III

LA CONCESSION

Je ne sais pas encore si on sera
content, en France, de ce que j'ai
fait. J'ai fait ce qu'il fallait et j'ai,
en outre, une philosophie tranquille
qui s'attend à tout et qui s'y résigne.

Henri RIVIÈRE, 8 mai 1883.

Le principe de la concession à la France d'un terrain sur le bord du Fleuve Rouge à Hanoi a été posé par la convention Philastre du 6 février 1874, mais il fallut dix-huit mois de laborieuses négociations avant d'aboutir à la convention du 31 août 1875 qui constitue la véritable charte de fondation des établissements français de Hanoi. L'histoire de ces négociations (1) mérite d'être étudiée de près, car le choix de l'emplacement de la Concession eut une grande importance pour le développement futur de la ville. Rien ne pouvait faire prévoir que la rue des Incrusteurs, aujourd'hui rue Paul Bert, située dans un faubourg marécageux, deviendrait un jour le centre d'animation de Hanoi. La ville française a pris naissance là et non point ailleurs, simplement parce que cette voie reliait directement la Concession à la Citadelle et à la ville marchande. Si l'emplacement de la Concession avait été fixé plus au Nord, comme il en fut d'abord question, l'axe de la ville française aurait été déporté dans le même sens, et le plan de Hanoi serait tout différent de ce qu'il est actuellement.

---

(1) On trouvera le texte des documents inédits que nous avons utilisés au chapitre VII, pages 181 à 218.

On sait que la convention du 6 février 1874, conclue à Hanoi entre l'inspecteur des affaires indigènes en mission Philastre et le second ambassadeur annamite Nguyên-van-Tuong, présente le caractère d'un simple accord provisoire destiné à régler la situation du Tonkin jusqu'à la signature des traités définitifs à Saigon.

Partisan de l'évacuation immédiate de la Citadelle de Hanoi et du retrait de nos troupes à Haiphong, Philastre tenait cependant à réserver nos droits pour l'avenir. Dès son arrivée à Hanoi, il fit admettre par les autorités annamites qu'un représentant politique avec quelques agents serait autorisé à résider à Hanoi et que des terrains seraient concédés aux négociants européens. Après en avoir référé à l'amiral Dupré par lettre du 8 janvier 1874, il introduisit dans la convention l'article 9 qui jette les bases de notre établissement à Hanoi, en ces termes : « Le gouvernement annamite s'engage en principe à fournir un terrain convenable à portée du fleuve, pour y établir un logement pour le résident français et son escorte. Ce terrain devra être à proximité de l'emplacement que le gouvernement annamite mettra après le traité à la disposition des commerçants français. Le choix du lieu et tout ce qui se rapporte à cet établissement aura lieu ultérieurement entre S. E. le gouverneur de la Basse-Cochinchine et leurs E. E. les ambassadeurs d'Annam ».

Ces clauses furent confirmées par les articles 12 et 13 du traité du 15 mars 1874 à Saigon, qui reconnaissent aux sujets français et étrangers le droit de s'établir à Hanoi, Haiphong et Quinhon et à la France le droit de nommer dans ces trois ports un consul ou agent assisté d'une escorte militaire de cent hommes.

Il restait à déterminer l'emplacement et les dimensions du terrain à concéder. L'amiral Krantz chargea de ce soin Rheinart resté à Hanoi comme résident après l'évacuation de la Citadelle et le pria par lettre du 25 avril 1874 d'envoyer un croquis de la ville où il indiquerait l'emplacement le plus propice. Rheinart ne put répondre immédiatement, car il était en butte à des difficultés sérieuses, au milieu des troubles sanglants qui suivirent le départ de nos troupes. Obligé de se replier sur Haiphong le 22 mai, il demanda l'autorisation de rentrer à Saigon.

L'amiral Krantz la lui accorda d'autant plus volontiers qu'il attendait à ce moment l'arrivée des ambassadeurs annamites pour la signature du traité de commerce complémentaire du traité du 15 mars et qu'il désirait profiter de cette circonstance pour faire fixer l'étendue et la position de la Concession. Rheinart pouvait seul lui fournir des renseignements propres à l'éclairer sur cette question.

Au cours des négociations, les ambassadeurs annamites firent tous leurs efforts pour empêcher que le droit de résider à Hanoi ne fut reconnu à la France. Mais l'amiral Krantz maintint énergiquement nos droits et un article additionnel au traité de commerce, signé le 31 août 1874, reconnaît que « la ville même de Hanoi est ouverte au commerce étranger et qu'il y aura dans cette ville un consul avec son escorte, une douane, et que les Européens pourront y avoir des magasins et des maisons d'habitation ». L'étendue du terrain cédé gratuitement pour la résidence du consul et de son escorte était fixée à cinq maus, environ deux hectares et demi. Quant aux terrains nécessaires aux commerçants européens, ils devaient les acheter eux-mêmes aux propriétaires.

Bien que l'emplacement des terrains ne soit pas précisé dans le traité, le choix de l'amiral s'était déjà porté, d'après les conseils de Rheinart, sur « l'espace compris entre le fleuve et les remparts (1) d'une part, et d'autre part entre les rues Hang-cau et Thach-Thi », c'est-à-dire entre le quai Clémenceau et le boulevard Amiral Courbet d'une part et d'autre part entre la rue Fellonneau et la rue de France.

Chargé de négocier sur ces bases, le commandant Dujardin, résident politique à Haiphong, se rendit à

---

(1) Plutôt digues de protection contre l'inondation que murs d'enceinte, les remparts suivaient, à une certaine distance du fleuve, un tracé irrégulier qui correspond à peu près à la rue du blockhaus Nord, au boulevard Amiral Courbet et au boulevard Bobillot.

Hanoi le 31 octobre et fut reçu par le tong-doc et le second ambassadeur, qui soulevèrent diverses objections contre l'emplacement choisi par l'amiral : On serait obligé de dédommager de nombreux propriétaires, car ce quartier était fort peuplé et encombré de dépôts de bois et de chantiers de construction. De plus, ces terrains marécageux et inondés pendant deux mois de l'année conviendraient fort mal aux Français.

Ils lui proposèrent, à la place, un terrain situé en aval et désigné sous le nom de Fort du Sud, bien qu'il eût perdu depuis longtemps toute affectation militaire. Cet ouvrage, dont il ne restait plus que des parapets informes, protégeait autrefois Hanoi contre un agresseur remontant le fleuve, de même que la citadelle défendait la ville en amont. Ce système de protection était analogue à celui de Saigon « protégée en aval par une redoute connue sous le nom de Fort du Sud et défendue au Nord, du côté de la plaine, par une Citadelle (1) ».

En offrant le Fort du Sud, les autorités annamites cédaient peut-être davantage au désir d'éloigner les Européens du centre de la ville qu'à celui de leur procurer un terrain meilleur. Cependant, le c^t Dujar-

____

(1) Richard, Saigon au commencement de 1866, *in* Bouchot, Documents pour servir à l'histoire de Saigon, t. I, 1927, p. 100.

din se rendit compte sur place que les objections du
tong-doc étaient fondées et que le Fort du Sud présentait de réels avantages.

L'amiral Duperré, saisi de ces nouvelles propositions, envoya au Tonkin le lt-colonel Varaigne, directeur du génie, avec la mission de trancher la question et de dresser les plans des futurs établissements.
Il conclut à Hanoi le 11 janvier 1875 avec le tong-
doc Trân-dinh-Tuc une convention aux termes de
laquelle : « Le terrain réservé aux établissements
français comprendra le Fort du Sud et s'étendra ultérieurement le long du fleuve en aval s'il est nécessaire ».

Les autorités annamites obtenaient ainsi pleine satisfaction, puisque le représentant de l'amiral avait
adopté le terrain qu'ils avaient eux-mêmes proposé et
que de plus on avait précisé que nos établissements
s'étendraint *en aval* du fleuve, c'est-à-dire en s'éloi-
gnant de la ville. Cependant, dès le 20 janvier, huit
jours après la signature de la convention, le grand
mandarin Pham, gouverneur de la province de Hai-
duong, vint trouver le commandant Dujardin à Haiphong et lui proposa des conditions avantageuses pour
la Concession de Haiphong, s'il voulait bien renoncer à celle de Hanoi. Le 2 février, le quan-an de Hai-
duong revint à la charge et demanda encore plus nettement que la France renonçat à s'installer ailleurs

qu'à Haiphong, laissant prévoir que nous nous heurterions à de nombreuses difficultés.

En transmettant au Ministre la lettre que le c^t Dujardin lui écrivit à ce sujet, l'amiral Duperré résuma très nettement la ligne de conduite dont il entendait ne pas se départir : « Du moment que le droit de résider à Hanoi a été inséré dans le traité et que le maintien de cette clause a failli nous faire rompre les négociations, nous ne saurions l'abandonner aujourd'hui et nous n'avons pas à nous préoccuper de quelques difficultés auxquelles il ne faut attacher aucune espèce d'importance ».

Comme les constructions projetées devaient demander plus d'un an, et que l'installation du consulat de Hanoi était prévue pour le mois de juillet 1875, il fallut chercher une installation assez vaste pour contenir tout le personnel qui comprenait : le consul accompagné d'un secrétaire, d'un lettré, de l'interprète et de domestiques, le chef de bataillon commandant supérieur, un sous-commissaire, un médecin, trois officiers, une compagnie d'infanterie de marine, un officier du génie et un commis de marine garde magasin.

Une décision de l'amiral Duperré, du 21 avril, publiée au bulletin officiel nomma une commission chargée de préparer à Hanoi la location des diverses maisons nécessaires. Le capitaine Brionval, délégué du commandant supérieur, et le capitaine Dupommier, commandant du génie au Tonkin, membres de cette commission réussirent à obtenir, au lieu de maisons isolées, l'enceinte du Camp des Lettrés, qui contenait de vastes locaux et constituait un abri sûr, comme nous l'avons vu dans un chapitre précédent. D'après la convention du 30 mai 1875, cette installation provisoire devait rester à la disposition du consul jusqu'au 1er janvier 1877 et même plus tard si les constructions n'étaient pas achevées à cette époque. Le tong-doc Trân-dinh-Tuc et le tuan-phu Trân-hi-Tang signèrent, sans réfléchir que le concours triennal devait avoir lieu au Camp des Lettrés en novembre 1876 et que l'engagement de le laisser à notre disposition jusqu'à une date ultérieure pourrait les mettre dans une situation difficile.

Dès que le gouvernement annamite eut connaissance de cette convention, il demanda à l'amiral que la date de l'évacuation fut avancée de six mois. Pour éviter un conflit, l'amiral, dans ses instructions à M. de Kergaradec nommé consul de Hanoi, l'autorisa à donner satisfaction aux Annamites sur ce point.

Très adroitement, M. de Kergaradec se réserva de faire connaître les dispositions conciliantes du gouverneur de la Cochinchine seulement au moment de négocier les titres de propriété définitifs de notre Concession et c'est en liant les deux questions qu'il obtint un terrain plus vaste qu'on ne pouvait l'espérer.

La superficie du Fort était en effet six fois supérieure aux cinq maus prévus par le traité du 31 août 1874. Quand notre consul se rendit sur place le 28 août 1875 pour procéder à la délimitation officielle, le tong-doc et le tuan-phu lui présentèrent à l'intérieur du Fort un espace de deux hectares et demi marqué par quatre piquets. C'est alors que M. de Kergaradec fit valoir que l'amiral reviendrait sur la date de l'évacuation du Camp des Lettrés si les autorités annamites acceptaient de céder la totalité du Fort. Cet argument produisit l'effet escompté et le 31 août 1875, anniversaire du traité de commerce, fut signée une convention cédant au gouvernement français « le terrain dont le plan est ci-joint, comprenant l'emplacement de l'ancien Fort du Sud ».

Une copie ancienne de ce plan, qui fixait définitivement les limites de la Concession française est conservée aux Archives centrales de l'Indochine. Il a paru intéressant de reproduire côte-à-côte et à la même échelle (pl. XVII et XVIII) le plan de 1875 et la photographie du même terrain prise en avion en 1926 (1).

La comparaison entre ces deux documents permet d'identifier tous les détails topographiques et de saisir sur le vif la manière dont s'est opérée la transforma-

______

(1) Agrandissement d'un fragment du plan aérien de Hanoi, exécuté sous la direction de M. Borzecki, chef de la section photographique du Service aéronautique de l'Indochine.

tion de ce quartier de Hanoi, les larges avenues ombragées adoptant le tracé des levées de terre et des sentiers d'autrefois, de vastes monuments publics s'élevant sur l'emplacement des anciennes mares.

La Concession était limitée : au Nord par une étroite chaussée (devenue la rue de France) allant du fleuve à la porte de la Sapèquerie qui reçut bientôt le nom de porte de France — à l'Ouest par la digue-rempart de la ville, à laquelle correspond aujourd'hui le boulevard Bobillot — à l'Est, au bord du fleuve, par la ligne bastionnée de l'ancien Fort, comprenant quatre saillants irréguliers — au Sud, par une ligne qui, partant de l'extrémité du Fort, suivait en direction Est-Ouest une chaussée, puis tournait à angle droit vers le Sud pour englober un rectangle destiné au cimetière.

La superficie totale de la Concession était de 18 hectares, 50 ares, 85 centiares. Toute la partie occidentale était occupée par un marais, sur l'emplacement duquel on a construit l'université et le théâtre. Au milieu du plan, on remarquera un rectangle A B C D, limitant les deux hectares et demi que le tong-doc nous destinait et à côté, l'emplacement occupé par la douane annamite.

C'est seulement la partie orientale, entre la rue du Maréchal Galliéni et le quai actuel, qui devait être aménagée pour notre Représentant. Les « établissements projetés », qui figurent déjà sur le plan, sont,

du Nord au Sud : l'hôtel du consul, le logement des
officiers, l'hôtel du commandant supérieur des troupes, la caserne et divers bâtiments moins importants,
logement-bureau du chancelier, maison de l'officier
du génie, infirmerie, magasins, etc. (pl. XIX).

Les plans de ces constructions, étudiés sur place par
le l^t-colonel Varaigne, furent dressés à Saigon et
soumis à l'approbation de l'amiral Duperré, gouverneur de la Cochinchine (1). Ils parvinrent à Hanoi
dans les derniers jours d'octobre 1875 et les travaux
commencèrent immédiatement sous la direction du capitaine du génie Dupommier, qui avait déjà fait en-
clore le cimetière en vue de la translation solennelle
des restes de Francis Garnier et de ses compagnons
(2). La main-d'œuvre se composait uniquement de
coolies inexpérimentés et les Annamites qui nous offraient spontanément leur concours étaient en butte aux
vexations des mandarins. M. de Kergaradec en cite
un exemple significatif : Le principal fournisseur de
matériaux de la Concession, jeune chrétien de famille
aisée, nommé Félix, arbora pendant le Têt le dra-

---

(1) L'original d'un de ces plans, celui des bureaux du Consulat,
dressé le 3 septembre 1875 à Saigon sous la direction du l^t-colonel
Varaigne, est conservé aux Archives centrales de l'Indochine, Résidence supérieure au Tonkin, n° 7599.

(2) Le récit de cette cérémonie a été fait dans le chapitre consacré
à la Citadelle, pp. 76-77.

peau français pour décorer sa maison. Profitant de l'absence du consul, en voyage d'exploration dans la haute région, les mandarins le firent emprisonner et il fallut l'intervention énergique de M. de Kergaradec à son retour pour le faire relâcher (1).

Malgré ces difficultés, les travaux furent menés activement et achevés en moins d'un an. Pour le logement du consul, du commandant supérieur et des officiers, l'amiral avait prescrit de prendre comme type les maisons construites en Cochinchine pour les inspecteurs (2), maisons simples et spacieuses, comprenant un rez-de-chaussée et un étage entourés de larges vérandas (pl. XX).

La caserne était divisée en quatre grandes salles au rez-de-chaussée : salle à manger des soldats, salle à manger des sous-officiers, salle d'école, salle de bains et au premier étage en huit chambrées de seize lits permettant de loger un effectif de 128 hommes (3). Après les souffrances endurées au Camp des Lettrés, les hommes de troupe aussi bien que leurs chefs avaient donc une installation spacieuse et fort bien comprise au point de vue hygiénique.

M. de Kergaradec prit possession des installations nouvelles le 15 octobre 1876 et conserva le poste de

---

(1) Archives centrales de l'Indochine, Amiraux 12.992.
(2) Archives centrales de l'Indochine, Reg. B. 11 (21), p. 79.
(3) Archives centrales de l'Indochine, Amiraux 13.005.

consul de Hanoi jusqu'à la fin de l'année 1882. Pendant cette période, nous noterons seulement les ravages exercés dans la Concession par le typhon de la nuit du 5 au 6 octobre 1881 : « Ce matin au point du jour, la Concession offrait un aspect vraiment lamentable. De tous côtés, on ne voyait que toitures crevées, fenêtres défoncées, volets arrachés. Du haut en bas, les maisons sont recouvertes d'une couche terreuse jaunâtre, que la pluie fouettée par l'ouragan a déposée partout ; toutes les constructions légères, toutes les barrières ou clôtures ont été littéralement mises en pièces. Les jardins n'existent plus ; tout y est broyé ou arraché, les gros arbres brisés comme des allumettes, les plus petits effeuillés, ébranchés, déracinés et emportés par le vent. Heureusement personne n'a été blessé. Le génie fait les réparations les plus urgentes et s'occupe de constater les dégâts, qu'il évalue, dès à présent à sept ou huit mille francs (1) ».

C'est à la Concession que le commandant Rivière s'installa en arrivant à Hanoi au mois d'avril 1882. Ne pouvant loger tous ses hommes dans la caserne, il fit commencer le 5 avril par le capitaine Dupommier un grand baraquement (2). Après la prise de la Ci-

---

(1) Lettre de M. de Kergaradec du 5 octobre 1881 (Archives centrales de l'Indochine, Amiraux 13.053).

(2) Livre jaune, 1874-1883, p. 218 (lettre du C^t Rivière, 10 avril 1882).

tadelle le 25 avril il laissa seulement une compagnie dans la Pagode royale et rentra à la Concession, qu'il fit entourer de fortes palissades sauf du côté Est, protégé par le fleuve et les canonnières mouillées en face (1). Ces « palanques » englobaient à peine les deux tiers de la Concession, toute la partie nord, marécageuse, ayant été abandonnée.

Les jeunes officiers de l'expédition, impatients de renouveler les exploits des compagnons de Francis Garnier suppliaient le commandant d'aller de l'avant et de conquérir le Delta. Mais les instructions les plus formelles arrivaient de Saigon. Il fallait attendre, patienter : « Je sais qu'à Haiphong et à Hanoi, écrivait le gouverneur Le Myre de Vilers (2) on se montre fort impatient ; on parle du prestige détruit parce que nous ne marchons pas en avant, parce que chaque jour vous ne prenez pas une citadelle ou que vous ne gagnez pas une bataille rangée. Ce sont là des propos de jeunes gens qui ne rêvent que plaies et bosses ».

Presque à chaque courrier, le gouverneur répétait la même consigne : « Pour l'avenir, mon cher commandant, soyons prudents (24 juillet 1882) — Soyons très prudents (8 août) — Nous devons agir avec une extrême prudence (9 septembre) » (3).

---

(1) Livre jaune p. 252 (lettre du 6 mai 1882).
(2) Archives centrales de l'Indochine, Amiraux Reg. B. 223, Autorités militaires, 1883-1884, p. 7.
(3) Archives centrales de l'Indochine, Amiraux Reg. B. 223, Autorités militaires pp. 18-26.

Contraint de rester à Hanoi, le commandant Rivière charmait les loisirs de son inaction forcée par des travaux littéraires et une correspondance active avec ses amis de Paris (1). Installé « au consulat, une élégante maison blanche avec véranda » entourée de « jardins de cactus, de lauriers-roses et de palmiers », il composa une grande nouvelle en deux parties, Edith, dont il serrait le manuscrit « dans un bahut à inscrustations tonkinoises » et commença un roman « Perversité » que devaient interrompre les événements de mai 1883. « Mes grandes occupations, ici, écrivait-il à madame de Caillavet, ne sont pas, comme on pourrait le supposer, les Annamites et les Chinois. J'y pense de temps en temps, quand il le faut et voilà tout... Aujourd'hui, je lis les souvenirs d'enfance et de jeunesse de Renan ».

Il ne faudrait pas prendre à la lettre cette déclaration. La désinvolture d'homme du monde avec laquelle Rivière parlait de ses occupations ne l'empêchait nullement de s'acquitter ponctuellement de ses devoirs de chef du corps expéditionnaire, comme on en trouve la preuve dans les registres de correspondance des années 1882 et 1883 (2). Non content de veiller à la sécurité et aux approvisionnements de ses

______

(1) Voir J.-M. Pouquet. Le Salon de Madame Arman de Caillavet.
(2) Archives centrales de l'Indochine, Amiraux Reg. B. 223, Autorités militaires, 1882-1884 *passim* et Archives historiques de l'Etat-Major, premier carton.

troupes, il suivait de très près les mouvements des Chinois grâce à un service de renseignements bien documenté, envoyait au gouvernement des rapports sur la réorganisation de la douane, préparait des projets de tracés télégraphiques, étudiait même la question du chemin de fer de Hanoi à la mer et au Yunnan. Une mesure très importante dont il eut l'initiative fut l'envoi d'un détachement à Hongaye pour affirmer nos droits sur les charbonnages que convoitait une société étrangère.

Après avoir consacré la journée à ces divers travaux, le commandant Rivière sortait à cheval à cinq heures avec M. de Kergaradec et le soir, à neuf heures, il réunissait ses officiers dans le salon du consulat. L'un d'eux a laissé une description de ces soirées où l'on se serait cru « sous le rayonnement paisible de la lampe, dans un honnête cercle de province », sans le cri de veille des sentinelles qui montaient la garde derrière les palissades de la Concession. On jouait habituellement à la roulette, à des taux d'ailleurs modérés, mais les officiers désertaient volontiers la table de jeu pour entourer le fauteuil du commandant : « D'ordinaire, il mène la causerie, il la rend piquante et drôle par les mots qu'il y sème, les paradoxes qu'il soutient en phrases coupantes et nettes, par les anecdotes pimentées dont il l'émaille et aussi par les réflexions désenchantées qui lui échappent et laissent deviner l'homme qui est en lui au fond, le blessé de la vie, tel que nous le montrent ses livres amers (1).

La quiétude relative dans laquelle vivait à la Concession le corps expéditionnaire cessa au début de l'année 1883. Le cercle formé autour de Hanoi par les bandes chinoises se resserrait peu à peu. Pour se dégager, le commandant Rivière prépara une expédition sur Nam-Dinh, dont il s'empara le 27 mars. Au même moment, les Pavillons noirs de Bac-ninh, profitant de son absence, franchissaient le fleuve et attaquaient Hanoi. Le commandant Berthe de Villers, qui gardait la Concession, réussit à les repousser et les poursuivit jusque sur la rive gauche ; au retour du commandant Rivière, le 2 avril, tout danger immédiat était écarté, mais les bandes de pirates, cachés aux environs de la ville pendant le jour, pénétraient presque chaque nuit dans le quartier indigène, pillant les maisons, enlevant les femmes et les enfants. A partir du 11 mai, ils commencèrent à bombarder la ville. Il devenait indispensable de dégager Hanoi par une sortie vigoureuse qui fut fixée au 19 mai.

La colonne d'attaque, qui sortit de la Concession à quatre heures du matin revint à neuf heures : le

---

(1) L. Yann, Croquis tonkinois, p. 146. — Sur l'installation de Rivière au consulat, voir aussi : Archives centrales de l'Indochine. Amiraux 13049.

commandant Rivière, le capitaine Jacquin, le lieutenant de Brisis, vingt-six marins, tués ou mortelle-
ment blessés, étaient restés entre les mains des Chinois. Le commandant Berthe de Villers, ramené mou-
rant, expira à quatre heures du soir. Le lendemain on
l'enterra au petit cimetière de la Concession, où huit
jours avant, avait déjà été inhumé le colonel Carreau
blessé à Nam-dinh. Quant au commandant Rivière,
sa tête fut retrouvée le 18 septembre et son corps le
8 octobre seulement, grâce aux indications données
par Mgr Puginier. L'inhumation eut lieu au mois
d'octobre.

Pendant les mois de mai et de juin 1883, la Concession resta sous la menace des Pavillons Noirs, en-
hardis par leur succès du Pont de papier. Le lieutenant
de vaisseau Capetter, qui prit le commandement après
la mort de Rivière, fit dégager les abords de la Concession en rasant les arbres et les constructions dans
un rayon de deux cents mètres. Les quelques commerçants européens qui habitaient en ville et les Pères
des Missions étrangères se réfugièrent à la Concession
avec ce qu'ils avaient de plus précieux et tout le
monde fut mis à la ration car il devint bientôt impossible de se procurer quoi que ce soit au dehors (1).

----

(1) Rapport de M. Chenieux, gérant du consulat de Hanoi le 24
mai 1883. (Archives centrales de l'Indochine, Amiraux 13.498). —
Pour l'année 1883, voir également les registres de correspondance de
Rivière, du commandant Morel-Beaulieu et du général Bouet, conservés
aux Archives Historiques de l'Etat-Major.

Le commandant Morel-Beaulieu arriva le 25 mai de
Haiphong avec quelques renforts et fit évacuer les
réfugiés, sauf les missionnaires, par le « Rurimaru »
qui l'avait amené. Il fit terminer l'enceinte des palanques du côté du fleuve et construire une sorte d'esta-
cade dans le fleuve en amont du mouillage des canonnières, pour arrêter les brûlots. Au mois de juin, le
général Bouet rétablit les communications avec la Citadelle et en juillet répartit les troupes qui arrivaient
de France entre la Concession, la Sapèquerie, le
Camp des Lettrés et la Citadelle ; on transforma en
hôpital la caserne de la Concession et on y installa
80 lits dans les chambres bien aérées du premier étage
et dans une partie du rez-de-chaussée.

Les opérations militaires poursuivies aux environs de
Hanoi permirent de dégager la ville et à la fin de
1883 la Concession était définitivement à l'abri des
attaques des Pavillons Noirs. Mais il fallut alors la
défendre contre un autre ennemi : le fleuve rouge.

La crue annuelle de 1884 arracha la berge de la
Concession sur une largeur de 60 mètres et une longueur de trois kilomètres. Cette largeur correspondait
à l'espace qui séparait primitivement du fleuve les bâtiments de la Concession. Ils se trouvèrent tout à coup
le surplomber à pic, à la merci d'une nouvelle crue.

L'ingénieur Pavillier fut appelé aussitôt de Cochinchine pour étudier le moyen de remédier à cette situa-

tion. La système de défense qu'il adopta protégeait
directement la berge de la Concession « au moyen de
forts perrés, appuyés sur une base solide en enroche-
ment à pierres perdues se développant sur une longueur
de quatre cents mètres », et indirectement en écartant
le courant de la rive droite pour le reporter sur la rive
gauche « au moyen d'une digue longitudinale submer-
sible aux plus hautes eaux et établie en amont de la
ville, suivant le faîte du banc de sable, dit de la
douane, auquel elle est enracinée (1) ».

Les pierres nécessaires aux enrochements furent ex-
traites des carrières calcaires de Ke-so, à 89 kilomètres au Sud de Hanoi. Les travaux commencèrent dès
le début de l'année 1885. Plus de 8.000 mètres cubes de pierre furent transportés avant le mois de juin
malgré les difficultés et les lenteurs du transport par
jonques. La digue d'amont fut achevée avant la crue
de 1885 et le courant, au lieu d'attaquer la rive droite en niveau de la Concession vint désormais battre la
rive gauche. Peu à peu, un banc de sable se constitua
et le fleuve coule aujourd'hui à une certaine distance
de l'ancienne berge devant la Concession.

L'ancien hôtel du Consul (pl. XX) servit de résidence tour à tour, au commandant Morel-Beaulieu,
au général Bouet, au commissaire général civil Har-

---

(1) Archives centrales de l'Indochine, Résidence supérieure au
Tonkin, 7642.

mand, à l'amiral Courbet et au général Brière de l'Isle. Ce dernier inaugura, à la fin de l'année 1884, les soirées hebdomadaires où les officiers, de repos à Hanoi entre deux colonnes, prenaient contact avec les fonctionnaires et les quelques colons qui arrivaient au Tonkin. Un de ces officiers, le capitaine Lecomte, décrit en quelques lignes ces réunions : « La fanfare du 2ᵉ bataillon d'infanterie légère, installée dans le jardin, jouait des valses et des polkas et les officiers dansaient entre eux, bien qu'il fit une chaleur extrême. On buvait quelques verres de champagne, on se racontait des aventures de garnison, toujours les mêmes ; puis, vers onze heures tout le monde s'en allait (1) ».

Aux réunions données l'année suivante par le général de Courcy, l'élément féminin fait son apparition et nous lisons dans *l'Avenir du Tonkin* du 15 juin 1885 ce compte-rendu : « Très brillante et nombreuse réunion : les dames de fonctionnaires, un brillant état-major, les officiers des corps de troupe en garnison à Hanoi, Mgr Puginier, tous les membres de l'administration civile, etc. L'excellente fanfare du 11ᵉ bataillon de chasseurs à pied a fait entendre de brillants morceaux, marches guerrières, airs de danse, etc. ».

La Concession qui prenait à l'occasion de ces fêtes un peu d'animation, gardait en temps habituel l'aspect

---

(1) Lecomte. La vie militaire au Tonkin. Paris, 1893, p. 99.

d'un camp retranché. Elle était toujours entourée des palanques plantées en 1882 et 1883 et on ne circulait à l'intérieur que par des sentiers étroits et boueux. La création de rues dans la Concession et la suppression de la clôture datent de Paul Bert.

Nommé Résident général de l'Annam et du Tonkin en janvier 1886, Paul Bert arriva à Hanoi en avril. Ce que fut sa vie et son œuvre pendant les sept mois de son administration, un récent ouvrage (1) l'a magistralement décrit. Nous nous bornerons à glaner quelques détails sur le cadre où il vécut : Il s'installa dans l'ancien hôtel du consul dont il conserva l'ameublement administratif très simple. Le salon de réception « que trois piliers divisaient en deux parties » était « une grande pièce sévère et nue ». Dans un coin, « un divan rouge où s'entassaient de petits coussins annamites reliés de trois en trois par des charnières », donnait un peu d'originalité à cette pièce où Paul Bert recevait une fois par semaine. « Le ton de ces réunions, la mise des invités étaient, sur le désir souvent exprimé du résident, tout à fait familières et simples. Trois ou quatre fois seulement les femmes se sont montrées en toilette de bal, les épaules nues, sous la véranda de la résidence (2) ».

---

(1) P. de la Brosse. Une des grandes énergies françaises, Paul Bert. — Hanoi, Imprimerie d'Extrême-orient, 1925.

(2) Le Temps, chronique du 18 novembre 1886.

La fête qu'il donna la veille du 14 juillet fut cependant très brillante : « La résidence générale produisait un merveilleux effet. La blancheur mate de
ses deux vérandas circulaires superposées ressortait à
la lumière de boules bleues, blanches et rouges. Le
ciel, d'un bleu sombre, splendidement constellé et les
grands arbres verdoyants qui entourent l'hôtel, formaient un cadre féérique. La résidence générale était
aussi brillamment décorée à l'intérieur qu'à l'extérieur. Des lanternes vénitiennes et chinoises, des verres de couleur, des faisceaux de drapeaux et des cartouches au chiffre républicain et aux couleurs nationales donnaient à la grande véranda un air habité qui,
jusqu'ici, avait fait complètement défaut aux résiden-
ces de nos représentants (1) ».

C'est de ce même jour, 13 juillet 1886, que date
la décision (2) ouvrant des crédits importants pour
l'élargissement et le prolongement aux deux bouts de
l'avenue Nord-Sud (aujourd'hui rue du Maréchal
Galliéni) et la création d'une allée Ouest-Est, allant
de la digue à la maison du Général (rue Laubarède).
Des crédits étaient prévus également pour la recons-
truction des bâtiments dont l'ouverture de l'allée Est-
Ouest entraînerait la démolition, ainsi que pour la
suppression des parapets en terre et des palanques.

____

(1) Le Rappel, 30 août 1886 (Lettre du Tonkin).
(2) Publiée au Moniteur du Protectorat, 1886, p. 218.

Désormais, la Concession ne serait plus un réduit fortifié dans lequel on pénétrait par une seule porte, mais un quartier de la ville nouvelle, largement ouvert sur le dehors.

Atteint par la dysenterie, Paul Bert succomba le 11 novembre. Le corps exposé sur le lit de mort dans la matinée du 12 fut mis en bière et transporté le soir même dans une chambre ardente installée dans l'hôtel du général, dont la façade était entièrement tendue de noir. Toute la population de Hanoi défila dans la journée du 14. La levée du corps eut lieu le soir et un cortège imposant le conduisit jusqu'au quai d'embarquement où attendait le *Henri Rivière*.

Son successeur, Paulin Vial, acheva les travaux de voirie de la Concession par la construction d'un trottoir entre les deux rangées d'arbres de l'avenue Nord-Sud et l'ouverture d'une route reliant l'allée Est-Ouest à la rue Paul Bert (1).

Il faut également noter en 1886 et 1887 la construction de la première Résidence supérieure (emplacement de la Direction des Mines) et, tout à côté, d'un pavillon des Télégraphes (2) auquel est dû le

---

(1) Décisions du 30 novembre 1886 et du 21 juillet 1887. — Moniteur du Protectorat, 1886 p. 418 et 1887, p. 251.

(2) Décision du 28 septembre 1887. — Moniteur du Protectorat, 1887, p. 355. Le plan, dressé par l'architecte Lichtenfelder, est conservé aux Archives centrales de l'Indochine, Résidence supérieure 5209. Ce pavillon comprenait seulement un rez-de-chaussée mesurant 8,50 × 13,50, entouré d'une véranda et couvert de tuiles.

nom de « rue du Télégraphe » qui désigna pendant plusieurs années la rue Laubarède. A l'autre extrémité de la Concession, on éleva sur le bord du fleuve près du mouillage des canonnières une « gare de transit » comprenant des hangars pour la réception des marchandises et des salles d'attente pour les officiers et les hommes de troupe (1).

Des travaux d'agrandissement et d'embellissement (2) furent exécutés en 1887 à la résidence générale. Le salon reçut une décoration très riche ; cheminée monumentale en bois sculpté, « d'après les modèles que nous ont laissés les maîtres de la Renaissance » ; lambris à colonnettes sur le pourtour de la pièce : plafond sculpté de feuillages de laurier et de chêne avec boutons et glands en or » ; corniche à caisson, avec allégories ; boiseries du même goût encadrées de « damas de soie rouge broché, avec franges et embrasses mi-rouge, mi-or ».

Sur l'emplacement de l'ancienne chancellerie agrandie en 1884 pour y installer la Direction des Affaires politiques, on construisit de vastes dépendances, comprenant notamment des écuries pour vingt chevaux.

Quelques mois après l'achèvement de ces travaux, la résidence générale devenait l'hôtel du Gouverneur

---

(1) Bulletin officiel de Protectorat, 1886, p. 139.
(2) Archives centrales, Résidence supérieure au Tonkin, 6940

général et M. Constans s'y installa le 4 février 1888,
puis M. Richaud, le 7 juillet 1888.

Quand fut construit le palais actuel du gouvernement général, l'ancien hôtel du consul fut utilisé suc-
cessivement pour l'assemblée consultative indigène du
Tonkin, la première Université indochinoise et le musée de l'Ecole française d'Extrême-Orient. Il a été
enfin démoli en 1926 pour céder la place à un musée
plus vaste et mieux disposé. Mais quelques-uns des
bâtiments construits pendant la période des consulats
existent encore. En suivant la rue du Maréchal Galliéni, on remarquera les logements du commandant
supérieur et des officiers, réunis par un corps de logis
central et devenus l'hôtel du général commandant supérieur, l'ancienne caserne affectée aux bureaux de
l'état-major et, entre les deux, la petite maison du
commandant du génie, qui sert actuellement de logement d'officier.

Le touriste soucieux d'accomplir le pélerinage historique du vieil Hanoi doit poursuivre sa promenade
sous les magnifiques rangées de flamboyants qui om-
bragent la rue du Maréchal Galliéni et, arrivé au
Château d'eau, tourner à droite par le boulevard
Gambetta. Un peu avant le boulevard Bobillot, un
passage étroit s'ouvre dans la haie qui borde le boulevard. Un sentier envahi par l'herbe traverse une petite
rizière et conduit à un monument commémoratif sur

lequel on ne peut lire sans émotion l'inscription suivante :

SOUS L'EMPLACEMENT

OCCUPÉ PAR CE MONUMENT

ONT REPOSÉ JUSQU'AU 29 MARS 1895

DATE DE LEUR TRANSLATION AU CIMETIÈRE

DE LA ROUTE DE HUÊ

LES RESTES DE 14 OFFICIERS

ET DE 273 SOUS-OFFICIERS

CAPORAUX, BRIGADIERS

SOLDATS ET MARINS

MORTS AU TONKIN POUR LA PATRIE

1873-84.

IV

LA MISSION

Le lendemain, je dînais à la Mission seul avec l'Evêque et six Pères, dont trois sont là depuis vingt-cinq, trente ans, avant Rivière, avant Garnier, avant 1870. Jusqu'à onze heures, leur doyen, le Père Dumoulin, m'a tenu sous une émotion croissante... Ce même Père Dumoulin a fait dans cette même Mission le coup de feu avec ses catéchistes contre des assauts de pirates occupant la ville et criant à la mort aux Français retranchés dans la Concession.

Maréchal LYAUTEY

Le quartier de la Mission (1) est un de ceux qui
ont le plus rapidement évolué pendant la période que
nous étudions. C'est à peine si quelques familles de
chrétiens se groupaient en 1873 autour de la modeste
chapelle en bois qui s'élevait sur l'emplacement de la
chapelle des Martyrs, rue de la Mission. Dès 1883,
la chrétienté de Hanoi « formait un vaste domaine en
face du Camp des Lettrés, à peu de distance de la
porte Sud-Est de la Citadelle. Une haie de bambous
vifs l'entourait de tous côtés. C'était un véritable
village, d'un aspect tout spécial, animé par la présence de nombreux chrétiens indigènes, prêtres, cathé-
chistes, élèves du séminaire, enfants de l'orphelinat. »
(2) En 1888, la Cathédrale, qui reste aujourd'hui
le plus vaste monument de Hanoi, était entièrement
achevée et dominait de ses deux tours massives un
quartier prospère.

On ne connaît pas de représentation graphique de
la première chapelle brûlée par les Pavillons Noirs en

---

(1) Sa Grandeur Mgr. Gendreau, qui arriva au Tonkin dès 1873,
quelques semaines avant Francis Garnier, et le Révérend Père Dronet,
qui vint à Hanoi pour la première fois en 1884, ont bien voulu nous
guider dans nos recherches sur le quartier de la Mission. Nous les
prions d'agréer ici l'expression de notre gratitude.

(2) R. Bonnal, Au Tonkin, Hanoi 1925, p. 200.

1883, mais il résulte des témoignages recueillis par le R. P. Dronet qu'elle était construite dans le style habituel des temples annamites et se composait d'une vaste salle dont la charpente était soutenue par des colonnes en bois de lim ; d'après P. Bourde (1), elle aurait été surmontée d'un clocher de style gothique. Elle était desservie seulement à de rares intervalles par un prêtre indigène de la paroisse de Bang-So, distante de vingt kilomètres. Sur l'emplacement de la Cathédrale actuelle, s'élevait la pagode de Bao-Thiên-Tu, une des plus anciennes et des plus vénérées de la ville. Elle était dédiée à Không-Lô, le Bonze aux Buffles d'or, ainsi nommé parce qu'il avait ramené d'un voyage en Chine une merveilleuse cloche de cuivre, dont le son fit accourir à Hanoi les Buffles d'or de l'Empereur de Chine. Effrayé, Không-Lô jeta la cloche dans le Grand Lac où les buffles s'engloutirent derrière elle.

Mgr. Puginier, qui résidait à Ke-So vint à Hanoi dans les derniers jours de décembre 1872 sur la prière des mandarins désireux d'avoir un intermédiaire pour traiter avec Jean Dupuis. Il en profita pour célébrer dans la chapelle le 1er janvier 1873 une messe solennelle à laquelle assistèrent les marins de Dupuis, qui

---

(1) P. Bourde. De Paris au Tonkin, Paris 1885, p. 165. — Ce renseignement est confirmé par le Dr Hocquard et plusieurs autres témoignages dont la valeur n'est cependant pas certaine, car ils sont postérieurs à l'incendie de 1883.

rendirent les honneurs militaires pendant le service. Appelé à nouveau au moment de l'expédition de Francis Garnier, il arriva à Hanoi le 12 novembre 1873 et refusa le logement que Garnier lui avait préparé au Camp des Lettrés pour s'installer dans une paillote voisine de la chapelle. Des relations très étroites se nouèrent entre Mgr. Puginier et le jeune chef de l'expédition. Le jour même de sa mort, le dimanche 21 décembre, Garnier avait assisté à la messe célébrée par l'Evêque et déjeuné avec lui quelques instants avant la sortie fatale.

Après la convention Philastre et le retrait du corps expéditionnaire à Haiphong, la présence à Hanoi du Résident Rheinart et de son escorte permit aux chrétiens de la ville d'échapper aux massacres qui ensanglantèrent le Tonkin. Quand Rheinart se replia lui-même sur Haiphong le 20 mai 1874, les chrétiens les plus compromis l'accompagnèrent, mais un missionnaire, le Père Landais, eut le courage de rester, seul Français (1), dans la ville où l'on pouvait craindre les pires vengeances des lettrés revenus au pouvoir. Son ascendant personnel lui permit de se faire respecter par les mandarins et quand le commandant Dujardin monta à Hanoi trois mois plus tard, le Père

---

(1) Lettre de Rheinart à l'Amiral, 22 mai 1874 (Archives centrales de l'Indochine, Amiraux 13.513). — Mgr. Puginier était parti à Saigon quelque temps auparavant, pour demander à l'Amiral Dupré d'intervenir en faveur des chrétiens.

Landais l'assura qu'il « n'avait nullement été inquiété et qu'il avait trouvé appui près du Gouverneur avec lequel il vivait dans d'excellentes relations. Une ou deux fois, quelques mauvais plaisants avaient voulu lui faire subir de petites vexations, mais les délinquants avaient été punis immédiatement » (1).

Grâce à l'activité du Père Landais, la chrétienté de Hanoi prit un rapide développement pendant la période des Consulats. Vers 1876, il construisit le premier bâtiment de la Mission, aidé par les conseils du capitaine de génie Dupommier qui dirigeait à ce moment les travaux de la Concession. Bâtie en briques et percée de fenêtres en arc brisé, cette modeste maison existe encore en partie aujourd'hui. Elle constitue, avec les bâtiments de la Concession que nous avons signalés, la plus ancienne construction européenne de la ville et l'une de celles qui évoque le plus de souvenirs historiques, car c'est là que mourut Mgr. Puginier le 25 avril 1892 et c'est là que les Missionnaires soutinrent un siège héroïque contre les Pavillons Noirs en 1883 (pl. XXII).

Nous avons vu en parlant de la Concession que Hanoi avait été encerclé par les Pavillons Noirs au début de mai 1883. Maintenus en respect dans la journée par les troupes du commandant Rivière, les pirates s'infiltraient en ville à la faveur de la nuit. En prévi-

-----

(1) Archives centrales de l'Indochine, Amiraux 11.567.

sion d'un coup de main, le Père Landais demanda
au commandant Rivière des fusils pour lui et les deux
autres Missionnaires, les Pères Rival et Bertaud ; il
distribua des lances et de vieux fusils annamites aux
150 chrétiens valides dont il disposait et plaça des
pierriers derrière la porte de la Mission.

Une première attaque se produisit le 12 mai vers
neuf heures du soir. Sur l'ordre du Père Landais, les
chrétiens laissèrent approcher les Pavillons Noirs, sans
opposer aucune résistance, jusqu'à une très faible distance de la barricade qui défendait l'entrée. Le Père
Landais commanda feu au dernier moment. La décharge du pierrier, bourré de cailloux et de briques, tua
ou blessa plusieurs ennemis. Surpris par cette résistance inattendue, ils se retirèrent.

Le lendemain matin, le commandant Rivière qui,
de la Concession, avait entendu la fusillade, envoya
un détachement à la Mission et laissa en permanence
pour la défendre cinq matelots de la Fanfare. Dans
la nuit du 15 au 16 mai, les Pavillons Noirs revin-
rent au nombre de 400 environ et réussirent à franchir l'enclos de la Mission. Mais le tir précis des matelots, postés au premier étage de la maison principale,
mit hors de combat vingt-cinq ou trente assaillants et
l'ennemi dut battre en retraite. Avant de se retirer,
cependant, les Pavillons Noirs mirent le feu à l'église
paroissiale et emportèrent comme trophée une statue
de la Sainte-Vierge, qu'ils pendirent à un arbre après

lui « avoir attaché des oreilles qu'ils avaient coupées à un enfant chrétien (1) ».

Le 19 mai, après le funeste combat du Pont de Papier, le poste chargé de défendre la Mission reçut l'ordre de rallier la Concession où les Missionnaires durent eux-mêmes se réfugier. Pendant plusieurs jours, les Pavillons Noirs circulèrent librement dans les rues de Hanoi et pillèrent la Mission, sans toutefois l'incendier, comme on le craignait.

Les renforts arrivés de Haiphong permirent au commandant Morel-Beaulieu de disposer dès le 2 juin de 40 hommes d'infanterie de marine, commandés par le lieutenant de vaisseau Clémenceau, pour réoccuper la Mission. Le lendemain « Mgr. Puginier, les Pères et leurs annamites ont quitté la Concession et sont retournés dans leurs établissements ». Quelques jours plus tard, le commandant Morel-Beaulieu notait que « le retour des Missionnaires chez eux a ramené un peu de confiance chez les habitants et l'on voit peu à peu les rues se repeupler (2) ».

Au milieu des ruines accumulées par les Pavillons Noirs, alors que l'action de nos troupes encore peu nombreuses restait confinée dans les environs immédiats de la ville et que l'avenir se présentait sous le jour le plus incertain, Mgr. Puginier résolut de remplacer

---

(1) Louvet, vie de Mgr. Puginier, Hanoi, 1894, p. 431.
(2) Archives historiques de l'Etat-Major. Reg. de correspondance du Cᵗ Morel-Beaulieu, juin 1883, pp. 144 et 152.

par une vaste cathédrale la chapelle incendiée le 15
mai. L'entreprise était audacieuse, car la plupart des
chrétiens étaient ruinés et les ressources de la Mission
à peu près nulles ; cependant, il suffit de quatre
années pour la réaliser.

Afin de permettre provisoirement la célébration du
culte, Mgr. Puginier fit d'abord élever une simple.
paillote où eurent lieu les obsèques du commandant
Rivière, au mois d'octobre, en présence du Commissaire général Harmand et de toute la garnison. Il
s'occupa ensuite de trouver un terrain favorable à
proximité de la Mission et jeta bientôt son dévolu
sur la pagode de Bao-Thiên. Il s'ouvrit de son projet
au Résident de France à Hanoi, M. Bonnal, dont
les souvenirs (1) donnent d'intéressants détails sur la
procédure employée pour donner satisfaction à l'E-
vêque :

« Démolir la pagode et s'emparer du terrain, rien
n'était en apparence plus facile dans la période,
dite de conquête, que nous traversions, mais j'avais
comme de juste une certaine répugnance à commettre
un abus de pouvoir de cette sorte et je préférai m'a-
dresser au Tong-doc Nguyên-huu-Dô. Celui-ci était
en fort bons termes avec l'Evêque et désirait comme
moi lui être agréable ; voici comment il tourna la
difficulté. Il fit d'abord rechercher s'il existait encore

____

(1) R. Bonnal, Au Tonkin, Hanoi, 1925, p. 209. [Ed. de la
Rev. Indochinoise].

quelque descendant du fondateur de la pagode, mort depuis plus de deux siècles, et naturellement n'en trouva pas.

« Il ordonna ensuite aux notables du quartier, choisis comme par hasard parmi des indigènes chrétiens, de vérifier la solidité de l'édifice et ceux-ci n'hésitèrent pas à déclarer que, menaçant ruine, il pourrait en s'écroulant compromettre la sécurité des passants. Maintenant tout était en règle. Faire démolir la pagode, en confisquer le terrain sans maître au profit du domaine étaient, suivant la coutume annamite, des mesures justifiées ne pouvant soulever aucune protestation ; c'est ce que fit le Tong-doc. Il prit encore la responsabilité de concéder gratuitement à la Mission catholique le terrain confisqué et j'eus la satisfaction de remettre à l'Evêque l'acte authentique lui en faisant remise en toute propriété. Dans un élan de gratitude Mgr. Puginier me dit avec émotion qu'une plaque de marbre scellée dans le mur de la nouvelle église rappellerait la bienveillante intervention du Résident de Hanoi. Je le suppliai de n'en rien faire ».

Les travaux commencèrent au début de l'année 1884, avec les premiers fonds produits par une loterie de dix mille billets d'une piastre, autorisée par décision de l'Amiral Courbet (1). Mgr. Puginier se fit

-----

(1) Décision du 28 janvier 1884. — Bulletin officiel du Protectorat, 1884, p. 20.

à la fois architecte et entrepreneur, contrôlant lui-
même la qualité des briques et des tuiles fabriquées
dans des fours établis spécialement pour l'église. Des
dons importants et le produit d'une seconde loterie
de 6.000 piastres autorisée par Paul Bert le 14 août
1886 (1), permirent de pousser très rapidement la
construction. La première messe fut célébrée le 23 décembre 1887 et les travaux achevés au cours de l'année suivante (pl. XXIII).

Bien que la cathédrale soit loin d'être un chef-
d'œuvre d'architecture, elle est, du point de vue
historique, un des monuments les plus remarquables
de la ville et s'apparente, par les conditions où elle
a été élevée, à ces églises de notre Moyen-Age entreprises sur un plan grandiose avec des ressources
infimes, au lendemain des désastres provoqués par la
guerre et l'incendie.

---

(1) Moniteur du Protectorat, 1886, p. 269.

V

LA VILLE MARCHANDE

C'est une des choses les plus ex-
quises pour l'Européen que ces flâ-
neries le soir au soleil couchant dans
les quartiers indigènes...

Les bonnes rues, les jolis et pittoresques quartiers où palpite un peu
de l'âme subtile de ce peuple léger
et aimable, dans cette odeur très fine
de santal qu'exhalent les boîtes de
Chine.

Pierre PASQUIER.

A l'Est de la Citadelle, silencieuse et comme endormie derrière ses courtines et ses bastions, la ville
marchande, « grouillante agglomération d'êtres humains », selon la définition du commandant Rivière,
offrait le contraste d'une extraordinaire animation.
Elle affectait la forme d'un triangle dont la base s'appuyait sur le Petit Lac et les côtés sur le Fleuve Rouge et la Citadelle.

Enchâssé dans le cadre moderne d'une ville à l'européenne, ce quartier de Hanoi, industrieux et populeux, a conservé en partie son pittoresque d'autrefois,
avec le dédale de ses rues tortueuses et les gestes séculaires de ses artisans courbés dans leur échoppe sur
des besognes traditionnelles. Quelques-unes des impressions de touriste du XX⁰ siècle pourraient être
notées presque dans les mêmes termes que celles de
tel voyageur du XVIIᵉ siècle : « Tous les objets
divers qui se vendent dans cette cité ont chacun une
rue spécialement assignée, tout à fait à la façon des
diverses compagnies ou corporations dans les villes
d'Europe (1) ».

---

(1) S. Baron. Description du royaume du Tonquin, 1685, trad.
Deseille, *Revue Indochinoise*, 1914, 2ᵉ semestre, p. 70.

L'aspect actuel des vieilles rues de Hanoi ne donne cependant qu'une lointaine idée du spectacle qu'elles offraient il y a un demi-siècle. On ne doit pas le regretter, car le tableau esquissé par les premiers écrivains qui ont décrit Hanoi, même les plus épris de couleur locale, n'a rien de séduisant. Ils insistent surtout sur l'étroitesse des rues, leur saleté, l'encombrement et les difficultés de la circulation, l'insécurité et l'insalubrité de la ville.

Des nombreuses descriptions anciennes que nous avons dépouillées, nous retiendrons seulement les traits essentiels et qui s'appliquent à des caractéristiques aujourd'hui disparues.

Ce qui différenciait d'abord le Hanoi de 1873 de la ville actuelle ce sont les ouvrages de fortification, murs d'enceinte ou portes qui morcelaient ses divers quartiers. Nous avons décrit précédemment les remparts de la Citadelle. La ville marchande était protégée elle-même par de nombreuses portes, dont une seule subsiste aujourd'hui, celle de la rue Jean Dupuis, menacée de démolition en 1906 et heureusement sauvée par l'Ecole française d'Extrême-Orient. Elle date des travaux entrepris en 1749 pour mettre en état de défense du côté du Fleuve Rouge la capitale menacée par la révolte de Nguyên-huu-Cau (1). Elle comprend une ouverture principale surmontée d'un mi-

---

(1) H. Maspéro. Le protectorat de l'Annam sous les Tang. *Bull. de l'Ecole française d'Extrême-Orient*, 1910, p. 562.

rador où se tenaient les veilleurs et deux passages latéraux, non couverts, couronnés d'une balustrade décorative. Dans le mur du passage central est encastrée une stèle datée de la 34ᵉ année du règne de Tu-Duc (1882), qui interdit aux gardiens d'exiger une redevance des passants (pl. XXIV).

Les autres portes extérieures de ce quartier (1) du côté du fleuve, étaient situées : rue des Graines (au croisement de la rue Duranton), rue des Vases (entre la rue des Pavillons Noirs et le quai actuel), rue de la Saumure (au croisement la rue du maréchal Pétain), rue Fellonneau (au croisement du boulevard amiral Courbet).

Les portes intérieures de la ville marchande ont été maintes fois décrites, Le docteur Hocquard donne à leur sujet des détails particulièrement précis : « Les différents quartiers de Hanoi sont complètement séparés les uns des autres par de grandes portes qui tiennent toute la largeur des rues et qu'on ferme le soir. De chaque côté de ces portes sont affichés les règlements de police de la ville et les arrêtés du tong-doc.

« Les poternes qui limitent les vieux quartiers ont un mode de fermeture original : un mur en pierre s'étend transversalement d'un côté à l'autre de la rue ;

---

(1) Le nombre total des portes de l'enceinte extérieure de la ville était de quinze. Leur emplacement est indiqué sur le plan de Phamdinh-Bach avec exactitude, comme nous avons pu le vérifier d'après divers plans anciens.

ce mur est percé d'une grande ouverture rectangulaire limitant un cadre solide formé par quatre poutres de bois équarries. Les poutres supérieures et inférieures de ce cadre sont forées de trous régulièrement espacés dans lesquels sont engagés par leurs deux extrémités une série de grands bois ronds dressés parallèlement les uns aux autres. Les trous supérieurs sont très profonds, de sorte qu'on peut soulever chaque bois de bas en haut, juste assez pour le dégager par son extrémité inférieure et l'enlever de façon à laisser le passage libre. Ce système permet ou bien d'ouvrir la porte toute grande, en enlevant tous les bois, ou de ne livrer qu'un étroit passage, en en ôtant simplement un ou deux.

« Les portes par lesquelles on pénètre dans le quartier chinois sont crénelées comme des murs de citadelle ; elles sont extrêmement solides et l'on a ménagé au-dessus, du côté inférieur, une sorte de petite galerie sur laquelle peuvent se tenir les hommes de garde et les veilleurs. Il est impossible de pénétrer dans les rues chinoises une fois ces portes fermées ».

On a conservé des vues anciennes de la porte de la rue du Chanvre, qui était constituée par une simple ouverture rectangulaire dans un mur percé de meurtrières, et de la porte de la rue des Cantonnais, qui offrait un certain caractère monumental grâce à un balcon ornementé, soutenu par deux piliers (pl. XXV). En dehors des portes principales construites à demeure en matériaux solides, on rencontrait également de simples palissades surmontées d'une loggia pour les veilleurs. La rue Jean Dupuis en offrait un intéressant exemple dans la partie opposée à celle où s'élève la porte que l'on voit encore aujourd'hui (pl. XXVI).

Avec la suppression de ces barrières intérieures, ce qui a le plus contribué à transformer l'aspect de ce quartier de Hanoi, ce sont les progrès réalisés dans la voirie. L'étroitesse et le mauvais entretien des rues rendaient la circulation difficile. Il convient cependant de distinguer entre les rues habitées par les Chinois et les autres rues annamites : « La plupart des rues chinoises sont pavées dans le milieu de larges dalles en marbre brut. La rue est ainsi abordable en temps de pluie, mais le bien-être du passant n'est acquis qu'aux dépens des pauvres gens dont les cases sont de plain-pied avec la rue, car les eaux s'écoulant à droite et à gauche envahissent le plus souvent les salles basses qui bordent les deux côtés.

« Les rues annamites ne sont point pavées. A la moindre pluie, il y a plusieurs pieds de boue épaisse, à laquelle se trouvent mêlés les détritus de toutes sortes que les habitants déversent au milieu même de la rue. Les cases inégales sont construites chacune sur un alignement différent ; ce qui fait de la rue une succession d'angles sortants et d'angles rentrants. Les toits en chaume descendant très bas, la façade de la case donnant sur la rue n'est généralement qu'un châssis mobile, lié par le haut et qu'on relève pendant le jour en le maintenant incliné au moyen de deux bâtons. C'est sous cette tente improvisée, qui le préserve à la fois de la pluie et du soleil, que le marchand dresse son étalage (1) ».

Les souvenirs de R. Bonnal, le premier Résident de Hanoi, confirment l'exactitude de cette description : « Les rues, fort étroites en général, étaient pavées à la mode chinoise, c'est-à-dire seulement au milieu de la chaussée sur une largeur d'un mètre environ, et les carreaux de terre cuite formant ce passage étaient pour la plupart brisés ou disloqués. Des deux côtés s'étendaient de véritables cloaques infects, sans écoulement. En outre, des auvents en paillote, protégeant les étalages des marchands contre le soleil et la pluie, rétrécissaient la voie praticable de telle sorte que les piétons circulaient avec peine et que le passage d'une chaise à porteurs, ou même d'un cavalier, obligeait les passants à patauger dans la boue, profonde à certains endroits de plus d'un pied. » (2)

Un journaliste, Paul Bourde, correspondant du Temps au Tonkin en 1883, ajoute un détail curieux (3) : « Les anciennes rues tenaient du cérémonial annamite une physionomie toute particulière ; la loi iso-

---

(1) Ch. Labarthe. Hanoi, capitale du Tong-Kin. **Revue de Géographie.** t. XIII, 1883, pp. 93 et 96.

(2) R. Bonnal, Au Tonkin, Hanoi, 1925, p. 176.

(3) P. Bourde, loc. cit. Voir également Dr Hocquard. Une campagne au Tonkin, Paris 1892, p. 116.

lait le souverain au-dessus des autres hommes, elle en faisait un être tellement sacré que c'était un crime de jeter simplement un regard sur sa personne ; elle allait jusqu'à interdire de percer des fenêtres donnant sur les rues des villes royales où il pourrait lui arriver un jour de se promener. Non seulement on laissait les façades aveugles, mais on les masquait par des appentis qui diminuaient la voie de toute la largeur de leur toit de paillote ; il ne restait qu'un boyau étranglé où s'entassait la foule et où il était parfois difficile de passer à cheval ».

Dans ces rues étroites et tortueuses, l'animation déjà très grande en temps ordinaire, devenait intense les jours de marché. Avant l'établissement de notre protectorat, il n'y avait pas à Hanoi de marché couvert, ni même d'endroit spécialement affecté à cette destination. C'est la ville toute entière qui se transformait en un immense marché en plein air : « Tous les six jours se tient le marché de Hanoi. Les marchands et les artisans de toute sorte viennent des campagnes environnantes et vont, les vendeur de soie dans la rue de la Soie, les taillandiers dans la rue aux Cuivres, les fabricants de chapeaux dans la rue des Chapeaux, chacun en un mot dans la rue consacrée à sa spécialité, et la ville est transformée en un immense bazar où va, vient, flâne, cause, marchande et bourdonne une population double de la population ordinaire, déjà si nombreuses et si fourmillante. L'installation du marché ne coûte rien, elle ne réclame que le concours du beau temps. Le campagnard s'installe dans la rue, par terre, sa marchandise dans un linge ou dans une corbeille, ou dans la poussière s'il ne craint pas de la gâter. Autrefois, la rue toute entière était envahie (1) ».

Il est curieux de constater que l'afflux de population à Hanoi les jours de marché se produisait de temps immémorial et frappait déjà au XVIIe siècle le voyageur anglais Baron : « La ville de Ca-Cho (2) est la métropole du Tonkin... elle est supérieure à la plupart pour le nombre de la population, particulièrement le 1er et le 15e jour de la lune, qui sont les jours de grand marché ou de grand bazar, quand le peuple des villages voisins y afflue avec ses marchandises en nombre incroyable ».

Ce marché en plein air occupait, dans les principales rues de la ville, une longueur de plus de deux kilomètres (3). Sur tout cet espace, les jours de mar-

---

(1) P. Bourde, loc. cit. pp. 286-287.

(2) Ca-Cho ou Ke-Cho signifie précisément « marché ». C'était le nom ancien vulgaire de la ville, qui restait encore le plus usité au moment de notre intervention. L'amiral Dupré écrivant au Ministre de la Marine le 28 juillet 1873 lui parlait « d'occuper la Citadelle de Ke-Cho ou Hanoi » ; le Commandant du *Scorpion* recevant à Hong-Kong en novembre 1873 le télégramme suivant de l'amiral Dupré : « Rendez-vous immédiatement à Hanoi, sous les ordres de M. Garnier », fut obligé de se rendre au Consulat de France pour apprendre qu'il s'agissait de la ville qu'il connaissait sous le nom de Ke-Cho.

(3) Dr Hocquard, loc. cit. p. 173.

ché, la circulation était à peu près impossible de sept
heures du matin à deux heures de l'après-midi. Pour
fendre la foule compacte, il ne fallait pas moins que
le passage d'un grand mandarin. Labarthe qui a donné
une longue description du marché à Hanoi pendant
la période des Consulats termine ainsi : « Mais tout
à coup, à l'extrémité de la rue, on voit déboucher
au pas de gymnastique deux soldats habillés de rouge,
et l'on entend le son d'un tam-tam. Aussitôt les bruits
cessent. Fruitiers, charcutiers, épiciers, droguistes, po-
tiers et pêcheurs disparaissent comme par enchantement
avec leurs étalages. La foule envahit les cases environnantes et ceux qui n'y trouvent plus de place se
prosternent à plat ventre ou se mettent à genoux en
joignant les mains et en inclinant la tête : tous ma-
nifestent la frayeur la plus grande. Un mandarin non-
chalemment étendu dans son filet, passe alors au pas
de gymnastique de ses porteurs, et on lit sur son
visage cet air morose et chagrin, sournois et dissimu-
lé qui semble le caractère propre des gens au pouvoir. Le mandarin passé, le marché reprend son aspect habituel et le soir quand la foule s'est dispersée,
on dirait qu'une armée ennemie a passé dans cette
rue où la terre pétrie par les pieds nus est mélangée
avec des fruits écrasés et pourris, des poissons et des
crabes gâtés, des débris de pots et de jarres cassées,
au milieu desquels les malheureux cherchent les sa-

pèques qu'acheteurs et marchands pourraient avoir perdues » (1) (pl. XXVII).

Pour dresser un tableau complet de la ville marchande il y a un demi-siècle, il faudrait encore noter bien des traits heureusement disparus aujourd'hui : les « mares puantes qui occupaient le milieu des îlots bâtis », et augmentaient encore l'insalubrité de la ville, les bandes de pillards qui se formaient pendant les périodes de famine et qui malgré le guet réussissaient parfois à incendier de nuit tout un quartier pour le piller plus commodément (2)... Mais nous avons hâte d'arriver aux souvenirs historiques, qui se rattachent, pour ce quartier de Hanoi, à la période que nous étudions.

De même qu'on ne peut parler de la Citadelle, du Camp des Lettrés ou de la Concession sans citer le nom de Francis Garnier et d'Henri Rivière, il est impossible d'étudier la ville marchande sans évoquer l'audacieux explorateur Jean Dupuis qui en fit le centre de ravitaillement de son expédition, de décembre 1872 à janvier 1874.

Parti de Hongkong le 26 octobre 1872 avec deux canonnières, une chaloupe à vapeur et une grande jonque, qui transportaient 25 Européens, 150 Asiatiques et un matériel de guerre considérable, Jean

____

(1) Labarthe, loc. cit. p. 97.
(2) Labarthe, loc. cit. p. 94.

Dupuis mouilla devant Hanoi le 22 décembre 1872 et fut reçu le lendemain par les principaux marchands chinois de la ville dans leur « Kouei-kuang » de la rue des Voiles (pagode des Cantonnais).

Dès le 18 janvier 1873, Dupuis, laissant ses canonnières devant Hanoi, fit un premier voyage au Yunnan d'où il revint le 30 avril, accompagné de 150 Chinois de la garde personnelle du Titaï, solides gaillards armés de chassepots et vêtus d'un uniforme orange bordé d'un large velours noir, qui devaient faire grande impression sur les Annamites. Dupuis installa cette escorte à terre, le 2 mai 1873, dans la rue de Than-Ha (aujourd'hui rue Jean Dupuis). Son journal de voyage ne précise pas l'emplacement des maisons qu'il occupa, mais donne accessoirement quelques détails (1) qui permettent de les situer près du croisement de la rue Lataste. Elles étaient en effet à proximité d'une « petite ruelle communiquant avec une rue parallèle à la nôtre et que nous fermons la nuit pour éviter toute surprise ». La maison principale où étaient entreposées les 200.000 cartouches, les poudres et les fusées de l'expédition se trouvait entre la rue Jean Dupuis et la rue An-Sat-Siêu, car dans cette dernière rue passait l'arroyo dont Dupuis parle à propos d'une tentative d'incendie de son dépôt de

---

(1) Mémoires de la Société Académique indo-chinoise de Paris. Tome II. Journal de Voyage et d'Expédition de J. Dupuis. Paris, 1879, pp. 58, 60, 120 et 173.

poudre qui eut lieu au mois de novembre 1873. Pour éviter de nouvelles surprises, on installa un belvédère qui dominait toutes les constructions voisines. Deux hommes y passaient la nuit en observation dans une guérite.

A l'extrémité de la rue occupée par Jean Dupuis, au delà de la porte actuellement conservée et à l'emplacement même du quai actuel, se trouvait le débarcadère commercial. C'est à cet endroit précis que Francis Garnier descendit à terre le 5 novembre 1873, devant les soldats yunnanais en grande tenue et les étendards du Titaï déployés.

Ces mêmes soldats collaborèrent à la prise de la Citadelle et furent chargés ensuite par Garnier de la police de la ville marchande. A ce propos, le journal de Dupuis à la date du 23 novembre note que « depuis la prise de la Citadelle et la capture des mandarins, la ville marchande est en fête. On ne rencontre partout que des visages heureux et souriants ». Il est extrêmement intéressant de rapprocher de cette citation une lettre où le maréchal Lyautey rapporte la conversation qu'il eut avec le doyen des Missionnaires, le Père Dumoulin, qui avait accompagné Mgr Puginier à Hanoi en 1873 : « Il me redisait l'accueil étonné et sympathique fait à nos troupes par ce peuple d'Hanoi, qui nous regardait comme des libérateurs et se pressait comme en un jour de fête sur les pas de nos

soldats marchant en partie de campagne à l'assaut
de la Citadelle (1) ».

Les sentiments de la population devaient, hélas,
changer après l'abandon des Citadelles du Delta par
Philastre. Dupuis était parti dès le 20 janvier 1874
pour Saigon, mais il laissait la majeure partie de son
personnel et de son matériel à Hanoi. Ses maisons
furent occupées par l'inspecteur des Affaires indigènes Rheinart, nommé « Résident au Tonkin ».

Il est assez étrange que l'on ait installé notre premier Représentant attitré dans de simples maisons de
la ville marchande alors que la Citadelle ou tout au
moins le Camp des Lettrés eussent été, semble-t-il,
mieux désignés pour le recevoir en attendant la construction d'une résidence au bord du fleuve. Mais Philastre tenait avant tout à affirmer nos intentions paci-
fiques et notre absolue confiance dans la bonne foi des
Annamites. En proposant à l'amiral Dupré le 19 janvier 1874 « la combinaison de l'occupation des maisons Dupuis », Philastre insistait vivement : « Je vous
recommande, Amiral, cette solution. Si j'y étais forcé,
je la prendrais de mon chef ; elle satisfait tout le
monde et présente plus de sécurité qu'aucune autre...
Si M. Dupuis a tenu dans ces maisons avec ses hom-

---

(1) Lyautey. Lettres du Tonkin et de Madagascar. Paris, 1920,
t. I, p. 218.

mes malgré le Gouvernement annamite, quarante Français peuvent bien s'y risquer avec l'appui de ce Gouvernement (1) ».

L'avenir devait démontrer que ce raisonnement était spécieux, car il s'appuyait sur un postulat pour le moins aventureux, à savoir la bonne volonté du Gouvernement annamite. En réalité, les mandarins considéraient comme une simple reculade les concessions que Philastre faisait dans un but d'apaisement. Le résident Rheinart ne tarda pas à s'en apercevoir et à éprouver toutes les difficultés de la situation.

Matériellement, d'abord, l'installation laissait fort à désirer : « Nous occupons quatre cases et demie, écrit Rheinart le 21 mars 1874. Les hommes sont répartis dans six greniers peu éclairés ; ils n'y avaient accès que par des trappes et des échelles en bambous ; j'ai fait faire des escaliers (échelles de meunier) les planchers sont fort mauvais, mais nous ne pouvons les refaire. Quelques hommes sont obligés d'habiter le rez-de-chaussée ; j'ai acheté des lits de camp, mais l'humidité est très grande et nous serons fort heureux s'ils n'ont pas à en souffrir. Aux hautes eaux, ces cases seront très probablement inondées : il paraît qu'il y a un pied d'eau, à peu près, chaque année. Les officiers sont aussi mal ; ils ont pour deux

____

(1)   Archives centrales de l'Indochine, Amiraux 11689.

une soupente de quatre mètres de côté, éclairée par deux petites lucarnes (1) ».

Moralement, notre représentant était humilié par les démonstrations hostiles du Kinh-luoc et du prince Tuyet qui avaient massé près de douze mille hommes aux portes de Hanoi. Pour faire face au danger, Rheinart fit remonter de Haiphong le détachement du commandant Dujardin, ce qui porta son effectif à deux cent dix hommes. Mais l'arrivée à Haiphong du commandant Testard, chargé d'exercer le commandement supérieur au Tonkin, l'obligea à renvoyer ce détachement et à ne garder que quarante hommes. Il eût été imprudent de rester avec un effectif aussi restreint. Rheinart rallia Haiphong le 21 mai 1874, suivi quelques jours plus tard par le personnel et les navires de Dupuis.

Au moment de l'arrivée de notre nouveau Représentant, le consul de Kergaradec, en 1875, on faillit commettre une seconde fois l'erreur de l'installer dans la ville marchande où « une série de maisons contiguës » devaient être louées en attendant la construction des bâtiments de la Concession. Les capitaines Brionval et Dupommier purent heureusement obtenir, nous l'avons vu, la cession provisoire du Camp des Lettrés. Pendant toute la période des Consulats, le seul point de la ville marchande occupé par les Français, fut le

______

(1) Archives centrales de l'Indochine, Amiraux 13505.

bureau de réception dè la douane franco-annamite, établi près de la porte Jean Dupuis, à l'emplacement de l'actuel Cours supérieur des écoles franco-annamites nord. Le surveillant français de la douane y avait son logement (1).

Les événements de 1883 amenèrent de profonds bouleversements dans la ville marchande qui fut incendiée par les Pavillons Noirs au mois de mai. Une lettre du général Bouet au gouverneur de la Cochinchine fait connaître l'étendue du désastre. « Arrivé à Hanoi le 15 juin au soir, écrivait-il, j'ai trouvé cette ville dans une situation navante. Sauf une petite partie du quartier chinois, tout le reste est brûlé. Les pirates viennent tous les soirs piller ce qui reste encore de bon. Les habitants ont presque tout abandonné et ne se montrent guère encore » (2).

Dès que la ville fut débloquée et la confiance revenue après notre brillant succès de Son-Tay, les habitants regagnèrent leurs demeures et d'importants travaux d'amélioration furent aussitôt entrepris sous la direction du Résident de Hanoi, Raymond Bonnal, qui en a lui-même retracé les principales phases dans ses souvenirs (3).

---

(1) Archives centrales de l'Indochine, Amiraux 10119.
(2) Archives Historiques de l'Etat-Major. Registre de correspondance du 9 juin au 10 septembre 1883.
(3) R. Bonnal. Au Tonkin. Hanoi, 1925, pp. 176-177.

Ce qui rendait singulièrement ardue la tâche de Bonnal, c'est qu'il ne disposait à peu près d'aucun crédit. Il y suppléa en utilisant les prisonniers condamnés à des peines légères et la main-d'œuvre fournie par les chefs de quartier, enfin en obligeant chaque propriétaire à établir devant sa maison un caniveau et un trottoir en briques. Quant aux matériaux nécessaires pour empierrer les rues, il les trouva en faisant démolir les maisons incendiées par les Pavillons Noirs dans le quartier de la Mission et sur les bords du Petit Lac. Les briques qu'on en retira permirent d'empierrer solidement les cent cinquante rues ou ruelles de la ville. Pour élargir les rues, il fit disparaître les appentis empiétant sur la voie publique et réduire les auvents et les étalages des marchands.

Grâce à son activité, il suffit d'un an pour relever la ville de ses ruines. Dès le mois de janvier 1885, un des premiers numéros de L'*Avenir du Tonkin* constate que « par suite de l'affluence de la population toujours croissante, l'ancienne ville, entièrement rebâtie, est déjà trop petite. Ni Européens, ni indigènes ne trouvent plus à se loger et il se construit journellement une ou deux maisons annamites. Les réparations et l'élargissement des rues sont commencées. Les travaux de propreté de la ville continuent ». Pendant les années qui suivirent, de nouvelles améliorations furent réalisées, dont la plus notable est l'établissement de marchés couverts rue des Bambous, rue du Riz, rue de la Citadelle et boulevard Dong-Khanh, créés par arrêté du 6 avril 1888.

De 1884 à 1888, pendant qu'un quartier nouveau, ébauche de la ville française actuelle, prenait naissance, comme nous le verrons au chapitre suivant, entre la Concession et le Petit Lac, on utilisait en même temps, dans une large mesure, les logements disponibles dans la ville marchande. C'est ainsi que la première Résidence de Hanoi fut installée rue du Chanvre dans un immeuble occupé aujourd'hui par l'Imprimerie Tonkinoise de M. Lê-van-Phuc. La façade se composait d'un modeste rez-de-chaussée dont le toit en appentis était surmonté des grands redans caractéristiques des vieilles maisons de Hanoi. Devant la maison étaient plantés deux mâts de pavillons et on lisait au mur sur un grand écriteau ovale « Résidence de France. Chancellerie » (pl. III).

Le bâtiment donnant sur la rue a été complètement transformé de nos jours. En revanche, l'habitation principale, qui se trouve au fond d'un petit jardin à la chinoise, a conservé ses piliers en bois de lim et ses magnifiques sculptures (pl. XXIX). C'est là que Bonnal avait aménagé son « salon », centre de réunion très apprécié par les officiers du corps expéditionnaire en 1884. Cette pièce historique a conservé (pl. XXVIII) à peu près l'aspect qu'elle présentait il y a quarante-cinq ans, comme le prouve un dessin exécuté à cette époque par Paul Bonnetain, correspondant du Temps à Hanoi (1).

C'est également dans la ville marchande que furent créées la première imprimerie (rue du Coton), la première école (rue des Pavillons Noirs), la première loge maçonnique (également rue des Pavillons Noirs), la première gendarmerie (rue des Radeaux, puis rue des Paniers). Les principaux commerçants en gros se fixèrent aussi dans ce quartier, rue Jean Dupuis, où ils avaient l'avantage d'être à proximité du débarcadère commercial.

Enfin, pendant de nombreuses années, la ville marchande fut seule à posséder un local assez vaste pour les réunions et les banquets donnés à Hanoi. Ce local était le temple des Cantonnais, situé 22 rue des Voiles. C'est là qu'eurent lieu les quatre premières réunions du Comité d'études industrielles et commerciales du Tonkin fondé par Paul Bert en 1886. Un grand déjeuner y était de règle chaque année le 14 juillet. Des banquets suivis de bal y furent donnés à plusieurs reprises, notamment en l'honneur du général Munier au mois d'août 1887. L'*Avenir du Tonkin* décrit le coup d'œil féérique que présentait à cette occasion la vieille pagode, éclairée « par douze cents

---

(1) Reproduit dans P. Bonnetain, l'Extrême-Orient, Paris, s. d., p. 275.

lampes à pétrole, indépendamment des torchères, lanternes et girandoles ».

La pagode des Cantonnais a été récemment recons-
truite. Il ne reste plus rien de ses vieux murs qui
avaient servi de cadre à des scènes si diverses depuis
la première réception de Jean Dupuis le 23 décembre
1872, et comptaient parmi les témoins les plus intéressants de la « période héroïque ».

VI

LA NAISSANCE
DU QUARTIER FRANÇAIS

> C'était un travail gigantesque que
> cette rénovation d'une cité ancienne
> qu'il fallait refondre, assainir, livrer
> à l'air et à la lumière, sans détruire
> les débris les plus intéressants de son
> passé.
>
> Paulin VIAL

Les bâtiments officiels de la Concession, construits à l'usage du Consul de France et de son escorte, devaient, dans l'esprit des traités de 1874, être l'amorce d'un quartier européen, puisqu'il était prévu que « les magasins et les habitations des commerçants seraient aussi rapprochés que possible de la demeure des consuls ». D'autre part, la convention du 11 janvier 1875 stipulait que les établissements français s'étendraient ultérieurement le long du fleuve, en aval du Fort du Sud.

Normalement, le quartier français aurait donc dû se développer à partir de 1876 vers le Sud, c'est-à-dire sur les terrains occupés aujourd'hui par l'hôpital de Lanessan et l'abattoir. Mais, pendant toute la période des Consulats, la mauvaise volonté des mandarins empêcha l'ouverture effective de la voie du Fleuve Rouge et les commerçants européens, qu'aucun mouvement d'affaires n'attirait, ne vinrent pas se fixer à Hanoi. La délimitation de la ville, en tant que port ouvert au commerce étranger (voir planche XXXVIII) resta purement théorique. En fait, le quartier français resta limité aux quelques bâtiments officiels de la Concession jusqu'à 1883 et à partir de cette date, quand il commença à prendre de l'extension par suite de l'arrivée du corps expéditionnaire du Tonkin, ce ne fut pas vers le Sud, mais vers l'Ouest, le long de la rue des Incrusteurs (rue Paul Bert depuis le 20 novembre 1886), qui devint l'artère principale, l'axe parallèlement ou perpendiculairement auquel furent tracées les principales avenues de la ville moderne.

Après avoir décrit l'aspect ancien du quartier que traversait la rue des Incrusteurs, nous exposerons les circonstances historiques qui, en 1883, fixèrent notre action sur cette partie de la ville, puis sa rapide transformation de 1884 à 1888.

L'industrie à laquelle la rue des Incrusteurs devait son nom, avait été introduite au Tonkin vers 1820 et un peu plus tard seulement à Hanoi, où elle avait fait de rapides progrès. Les artisans de Hanoi, auxquels on accordait une habileté de main particulière, disputaient à ceux de Nam-Dinh la suprématie dans l'art délicat de la nacre. Jusqu'à 1873, la production était extrêmement restreinte, mais d'une qualité exquise (1).

---

(1) Voir C. de Kergaradec, Note sur les incrustations du Tonk·n, 20 novembre 1881, Excursions et Reconnaissances, tome IV, éd. 1897, pp. 204-210.

La rue des Incrusteurs allait du Fort du Sud à la demi-lune Sud-Est de la Citadelle et avait la même longueur que les rues Paul Bert et Borgnis-Desbordés réunies, mais elle était bordée de paillotes seulement dans la partie correspondante à la première de ces rues. A son extrémité orientale se dressait une des portes monumentales de l'enceinte extérieure, la porte de Cuu-Lau ou Truong-Tiên (Sapèquerie), que l'on devait bientôt désigner sous le nom de porte de France. D'une grande simplicité architecturale, mais de proportions imposantes, cette porte, percée dans un mur épais couronné d'une balustrade s'ouvrait entre deux piédroits surmontés d'un lion (pl. XXX).

Entre le quartier des Incrusteurs et la ville marchande s'étendait le Petit Lac, jadis « nauséabond, réceptacle de tous les détritus de la ville » (1), aujourd'hui la parure de Hanoi, trait d'union souriant entre le quartier indigène et le quartier français, participant du pittoresque du premier par les pagodes de ses îlots et de la fraîcheur verdoyante du second par les pelouses ombragées qui l'entourent.

Il y a cinquante ans, « des cases indigènes se pressaient sur ses bords et, pour descendre jusqu'à l'eau, il fallait, quittant les voies praticables, bien que fort sales, de la ville, se faufiler en d'étroites ruelles, longer en mille détours d'immondes paillotes où grouil-

---

(1) Dumoutier, Revue indochinoise, 1900, p. 1189.

lait une population misérable, sautiller parmi les flaques puantes et les tas d'ordures ; et souvent encore,
après de patients circuits comme dans le labyrinthe,
l'audacieux explorateur, au bout d'une heure, se re-
trouvait à son départ sans avoir atteint le bord. Et
même s'il entrevoyait à quelques pas un coin du lac,
il n'avait nulle tentation d'approcher, blasé qu'on
était, dans ce vieil Hanoi, sur la rencontre d'une la-
gune malsaine au coin des rues ou à l'arrière des cases
sombres (1) ».

« Le côté de la rue Paul Bert était peuplé d'incrusteurs, dont les étroites et basses maisons de briques, couvertes en tuiles et coupées de cours intérieures, prolongeaient sur la rue des auvents en paillotes,
tandis que leurs communs baignaient dans l'eau du
lac. A l'extrémité opposée, où se trouve aujourd'hui
la salle des fêtes de la Société Philharmonique, c'était
le quartier compact, enchevêtré et mal odorant des
tanneurs ; les cases indigènes sur bien des points avan-
çaient dans l'eau, sur pilotis (2) ».

Le nom annamite du Petit Lac, *Hoàn-Kiêm-Hô,*
Lac de l'épée rendue, rappelle l'événement miracu-
leux auquel on attribuait l'origine de la dynastie des
Lê postérieurs : au début du XVe siècle de notre ère,

---

(1) J. Boissière, l'Indochine avec les Français, Paris, Michaud, s. d.,
p. 205.
(2) Dumoutier, loc. cit., p. 1189.

alors que le Tonkin était sous le joug de la Chine, le pêcheur Lê-Loi, ayant jeté ses filets dans le Petit Lac, ramena une épée merveilleuse et comprit à ce signe que l'heure de l'indépendance avait sonné. Après dix ans de luttes à la tête du parti national, il obtint la victoire et se fit couronner roi. Au cours du sacrifice qu'il offrit à cette occasion au génie du Lac, ceint de l'épée miraculeuse, celle-ci sortit d'elle-même du fourreau et se métamorphosa en un dragon de jade qui disparut dans les eaux.

En souvenir de cette légende, on éleva une pagode consacrée au roi Lê-Loi, au bord du Petit Lac, sur l'emplacement occupé aujourd'hui par l'A. F. I. M. A. Il n'en reste qu'une stèle conservée sous un abri de maçonnerie moderne, en bordure de l'avenue Beauchamp. Un peu en retrait, on a élevé une colonne commémorative au sommet de laquelle se dresse une statue en pierre du roi Lê-Loi, tenant l'épée miraculeuse et regardant le Lac. Entre ce monument et la rue Jules Ferry on a construit une petite pagode, connue sous le nom de « Parfum du Sud » où le culte du fondateur de la dynastie des Lê est encore célébré.

Au Sud-Est du Petit Lac, à l'emplacement de la Direction des Postes, s'élevait la plus remarquable des pagodes de Hanoi. Le bâtiment principal était entouré de bassins circulaires envahis par les lotus; cette couronne de fleurs lui avait valu le nom de Liên-Tri (Fleurs de Lotus). On l'appelait encore pagode de

Nguyên-Dang-Giai, en souvenir du tong-doc qui la fit construire au commencement des années Thiêu-Tri (1841-1847) en prodiguant les deniers de ses administrés avec une générosité qui excita la verve des chansonniers (1). Les Français la baptisèrent « Pagode des Supplices » parce que « l'on y voit sculpté sur pierre et sur bois la série des supplices que les pécheurs de ce monde souffrent dans l'autre. C'est une œuvre grotesque et indescriptible qui ne manque pas de finesse, mais qui surpasse en imagination les fresques les plus effrayantes de nos artistes du Moyen-Age (2) ».

De ses nombreux « clochetons, portiques et tourelles qui attiraient les yeux de très loin (3) » et que les vues anciennes des pl. XXXIV à XXXVI nous dispenseront de décrire, il ne reste plus que le *Hoa-phong-Thap*, la tour du vent favorable. Ce petit monument très simple mais de proportions élégantes, comprend un soubassement en briques percé d'une porte sur chaque face et, au-dessus, une tourelle qui prend naissance sur une terrasse carrée ornée d'un griffon aux quatre angles (pl. XXXVI). Situé sur le bord même du lac, il précédait l'allée qui conduisait à la Pagode des Supplices comme on peut s'en

---

(1) Voir Petrus Ky, Voyage au Tonkin en 1876.
(2) Labarthe, Revue de Géographie 1883, II, p. 102.
(3) Dr Hocquard, Une campagne au Tonkin, p. 167.

rendre compte sur la vue cavalière du musée de
l'Ecole Française d'Extrême-Orient (pl. XXXIV).

Plusieurs pagodes de moindre importance situées
sur le pourtour du Petit Lac ont été, elles aussi, démo-
lies. Il n'en est heureusement pas de même des monuments de l'île de Jade et de l'île de la Tortue (Ngoc-
Son et Qui-Son). Les décrire nous entraînerait à une
trop longue digression (1). Rappelons seulement que
le pagodon de l'Ile de la Tortue, le *Vong-Dinh* ou pavillon de la perspective, date seulement de 1875 et
que l'allée bordée de murs par laquelle on accède au
pont de l'île de Jade a été remaniée en 1898 ; le
beau portique qui donne sur le boulevard Francis Garnier date de cette époque. La porte d'entrée de l'île
a été également refaite dans un style plus riche que
l'ancienne dont une vue prise en 1884 fait connaître
l'aspect ; on remarquera sur cette photographie la fra-
gilité de la passerelle aux planches disjointes, sans ap-
puis latéraux, qui a été remplacée par un pont plus
robuste (pl. XXXVII).

A l'Est du Petit Lac, vers le Fleuve Rouge, de
nombreuses mares couvraient le quartier qui s'étend
entre la rue Fellonneau et la rue Paul Bert, de part
et d'autre du boulevard Henri Rivière, là où s'élèvent
aujourd'hui la Résidence supérieure, la Mairie, le
Trésor, les Postes, la Banque de l'Indochine, l'Hôtel

---

(1) Nous renvoyons à la belle étude de Dumoutier, parue dans la
Revue indochinoise de 1900, 2ᵉ semestre, pp. 1185-1189.

Métropole et de belles villas entourées de jardins. Pour se rendre compte des difficultés de l'œuvre accomplie par la France à Hanoi en un demi-siècle, rien n'est plus instructif que de comparer à un plan moderne l'excellent relevé exécuté en 1884 par M. de Montalembert, géomètre, dont nous donnons (Pl. XXXIX) la reproduction (1).

De l'autre côté de la rue des Incrusteurs, on remarquait deux enclaves importantes : le Camp des Lettrés déjà décrit, et la Sapèquerie qui occupait le rectangle délimité par les boulevards Henri Rivière, Carreau, Rialan et la rue Paul Bert. Entourée de fossés pleins d'eau, la Sapèquerie communiquait par un pont avec la rue des Incrusteurs (2). C'était la fonderie de l'Etat des sapèques en zinc, dirigée par un Lang-Trung placé sous l'autorité du Quan-Bô de Hanoi. Pendant la période que nous étudions, la fabrication des sapèques en zinc à Hanoi était suspendue, par suite de l'élévation du prix du métal (3).

C'est aux événements de 1883 que le quartier que nous venons de décrire doit d'être devenu le centre de la ville française.

---

(1) Grâce à l'extrême complaisance de MM. les Directeurs de l'Ecole française d'Extrême-Orient et du Service Géographique qui ont bien voulu en autoriser la reproduction et en faire exécuter le calque. On ne possède malheureusement que la 1re des six feuilles qui devaient composer le plan de Hanoi en 1884.

(2) Labarthe. Revue de Géographie, 1883, II, p. 101.

(3) Archives centrales de l'Indochine, Gouvernement général, 9680.

Au début de 1883, deux points seulement de Hanoï étaient occupés par les troupes de l'expédition Rivière : au Sud-Est de la ville marchande, la Concession ; à l'Ouest, la Pagode Royale de la Citadelle, transformée en réduit fortifié. Toute communication régulière entre ces deux points fut interrompue du 19 mai, date de la mort de Rivière, jusqu'au 3 juin où l'on put envoyer des renforts importants à la Citadelle, ce qui porta à 500 le nombre de ses défenseurs. Le 4 juin, le commandant Morel-Beaulieu écrit au Gouverneur de la Cochinchine : « La Concession est encombrée de monde, il est impossible de construire maintenant... Toute la partie Ouest est boue dès qu'il pleut et forme une véritable mare entre les constructions actuelles et les talus des palanques.... *La Citadelle sera avant peu le point central de notre position, dont la Concession ne sera que l'accès au fleuve pour le ravitaillement* (1) ».

On conçoit dans ces conditions l'importance stratégique de la voie qui reliait la Concession à la Citadelle : la rue des Incrusteurs. Elle figure en première ligne sur la liste du « Réseau stratégique d'Hanoi » aménagé par le général Bouët en juin 1883, à l'abri d'une ligne de défense formée de parapets en terre reliant entre eux les obstacles naturels (murs de clôture,

---

(1) Archives historiques de l'Etat-Major, Registre de correspondance du Commandant Morel-Beaulieu.

marécages, haies de bambous, etc.). La ligne fortifiée partait de la demi-lune Sud-Est de la Citadelle et décrivait une courbe parallèle à la rue des Teinturiers avec deux saillants, la « lunette des mandarins » (entre les boulevards Carreau et Gambetta, les rues de Colomb et Richaud) et la « lunette de Hué » (au croisement du boulevard Gia-Long et de la rue Riquier). Chacune des deux lunettes contenait un blockhaus en maçonnerie défendu par une escouade d'infanterie de marine et six artilleurs. Entre la lunette de Hué et la Concession, la ligne de fortification s'abritait derrière des marais et le mur d'enceinte de la Sapèquerie. La défense de la ville était complétée sur les bords du Fleuve Rouge, en amont, par le blockhaus Nord (Pl. XXXII), construit de juin à août 1883 à l'extrémité de la rue qui en a gardé le nom, et, sur l'autre rive, par le blockhaus de la Rive gauche (Pl. XXXIII), élevé de septembre à octobre 1883 (1).

On peut suivre l'évolution de la rue Paul Bert, année par année, presque mois par mois, dans les récits de voyage et surtout dans les colonnes et les annonces de *l'Avenir du Tonkin*, si précieuses pour reconstituer l'histoire du commerce local.

---

(1) G. Humbert, Historique succinct de l'Artillerie au Tonkin pendant les années 1883 et 1884. Paris, 1884, p. 15 et ss.

« Cloaque infect en 1883, n'ayant pas alors plus de deux à trois mètres de large », la rue des Incrusteurs était, l'année suivante, « une voie neuve très large à laquelle ne manquent que des maisons européennes. Des paillotes la bordent ; deux ou trois boutiques chinoises, très propres et luxueuses presque, y commencent la file des échoppes, coupées tous les dix mètres par le comptoir ignoble d'un de ces « marchands de goutte », mercantis éhontés qui représentent seuls, jusqu'ici, notre commerce (1) ».

Dès les premiers mois de 1885, elle était devenue « une rue assez bien macadamisée, large de 16 à 18 mètres, dans laquelle se trouvent presque tous les magasins de détail tenus par les Européens... On trouve déjà dans la rue des Incrusteurs une fabrique d'eau gazeuse, un boulanger, des épiciers, un papetier, des quincailleries, un ou deux bazars, un hôtel, deux ou trois cafés, le tout tenu par des Français (2) ».

Chacune de ces maisons s'ingéniait à joindre à son commerce principal les produits les plus divers. Ainsi le papetier n'annonçait pas seulement « les romans nouveaux par chaque courrier », mais encore « un rayon de lingerie, conserves, vaisselle, verrerie, articles pour dames ». Malgré ces efforts, on manquait

---

(1) P. Bonnetain, Au Tonkin, Paris, 1887, p. 221.
(2) A. Bléton. Le Commerce au Tonkin. — Annales de l'Extrême-Orient, tome VIII, 1885-1886, pp. 149 et 179.

encore de bien des choses à Hanoi en 1885 et *l'Avenir du Tonkin* du 5 août contient une annonce peu banale et bien significative à cet égard :

LES HABITANTS FRANÇAIS DE HANOI DEMANDENT. :
UNE BOUCHERIE
UNE BLANCHISSERIE FRANÇAISE
UN TAILLEUR
UN CORDONNIER
DES BILLARDS DANS LES CAFÉS

Il est vrai que, depuis le mois de juillet 1885, Hanoi possédait un « salon parisien » de coiffure et parfumerie. Mais il fallut attendre jusqu'au mois de juin 1886 l'ouverture de la « Pharmacie française et indigène de l'Indochine, Reynaud-Blanc, rue des Incrusteurs, ancien bazar de Paris ».

La première corporation de commerçants représentée à Hanoi avec ampleur, fut, comme il est naturel, celle des cafetiers. En 1884 et 1885, ils se multiplient ; pour ne parler que de la rue des Incrusteurs, citons le « Café du Commerce, rue des Incrusteurs, en face de la Sapèquerie, lieu de réunion de MM. les Commerçants », le « Café de Paris, rue des Incrusteurs, près de la Concession », le Café Albin, le Café de la Place, le Café Block (auquel succéda en 1886 Alexandre Aibicher). Mais le premier en date et le plus célèbre d'entre eux est le « Café de Beire, lieu de réunion de MM. les Officiers », qui occupait l'emplacement des magasins de *La Perle*.

« Madame de Beire est une institution de Hanoi » note le correspondant du *Temps*, Paul Bourde. Entre bien d'autres descriptions de l'heure de l'apéritif au café de Beire, voici celle qu'a brossée Paul Bonnétain : « La mère de Beire, une vieille bonne femme encapelinée, cantinière en retraite et toussottante, mais ayant encore l'œil vif et la langue bien pendue, fait doubler le nombre des tables et des chaises à la « terrasse » et sous la véranda de son cabaret. C'est l'heure de l'absinthe : Hanoi retrouve une vie brève.

« De la Citadelle, de la Concession, de la Sapèquerie, du Camp des Lettrés, des groupes d'officiers descendent, ralient le caboulot qui est leur seul café, et s'attablent au milieu d'un brouhaha croissant de bonjours. Des mains s'étreignent sans cesse. Un moment on ne s'entend plus.

« Immobile sur son seuil — vision étrange, en ce cadre chinois, d'une brave Lorraine, surgie là inexplicablement — la mère de Beire gourmande l'unique garçon, Paul, un jeune Annamite, son fils adoptif. Elle sourit à sa clientèle, la mère aux soldats ; elle s'inquiète de tout et de tous. Va-t-on mieux ? Ce troisième galon arrivera-t-il au prochain courrier ? Mais la vieille compagnonne de Jean Dupuis, la vivandière des pionniers, qui a fait le coup de feu et tué ses cinq Chinois, s'intéresse surtout à Hautefeuille « ce beau garçon qui prend des villes avec six hommes (1) »

S'il était facile d'ouvrir un café dès les débuts de l'occupation, il était moins aisé d'aménager un hôtel. Les premiers clients de l'unique hôtel de Hanoi en 1884 n'en font pas un tableau enchanteur : « Des cases en fer à cheval autour d'une cour ouverte sur une mare ; des cloisons en bambou, mal calfeutrées de torchis ; un toit en paillote. Entre le toit et les cloisons, un vide de cinquante centimètres fort agréable l'été, vous dit-on, pour l'air qu'il donne ; mais le voyageur qui débarque en février avec des températures nocturnes de huit degrés, trouve qu'on pense à l'été bien tôt. Des portes faites par des charpentiers indigènes qui ne connaissent pas les joints à rainures et sont incapables de serrer exactement deux planches ; des fenêtres sans vitres, closes par des volets en bois plein. Si vous voulez avoir chaud, il faut fermer les volets et si vous voulez voir clair il faut les ouvrir, de sorte qu'il est impossible de voir clair et d'avoir chaud en même temps (2) ».

Le premier hôtel établi dans une maison en briques construite à l'européenne, s'ouvrit en novembre 1885, rue des Brodeurs (devenue la rue Jules Ferry) près de l'immeuble actuel de l'*Avenir du Tonkin*. Le

(1) P. Bonnetain, Au Tonkin, pp. 119, 120.
(2) P. Bourde, De Paris au Tonkin. Paris, 1885, p. 120.

« Grand Hôtel » offrait à ses clients « une immense salle à manger pouvant contenir cinquante personnes, une salle de billards, le premier billard importé à Hanoi, le tout orné de glaces et, le soir, éclairé *a giorno* », enfin, suprême raffinement, « une salle d'hydrothérapie où les locataires pourront, à toute heure du jour, prendre des bains et des douches ». De l'autre côté de la rue des Brodeurs, entre la rue et le lac, dans l'espace que la ville a depuis transformé en jardin public, le Grand Hôtel fit aménager « un joli pavillon rustique ». Sur le lac « deux canots coquettement armés permettront aux habitués de se promener ou de se livrer au salutaire exercice du canotage ».

Quelques petites maisons en briques furent construites dès 1884, mais la plupart des Français durent se contenter au début de simple paillotes, de maisons chinoises dans la ville marchande, ou d'anciennes pagodes aménagées tant bien que mal. Ainsi, les correspondants du Temps et de l'Agence Havas en 1884 s'étaient installés dans une pagode des bords du Petit Lac et Paul Bonnetain, correspondant du *Figaro*, sur la rive opposée. Pour se rendre visite, les journalistes traversaient le lac en barque.

Dans le nouveau quartier, la première voie aménagée, fut, nous l'avons vu, la rue des Incrusteurs. On s'occupa ensuite de la rue des Brodeurs (rue Jules Ferry) et de la rue des Cartes (boulevard Dông-Khanh), en même temps que les rues de la ville marchande étaient améliorées. Bientôt, il devint possible de circuler autrement qu'à pied ou à cheval. Les routes étant devenues carrossables, le Résident Bonnal eut l'idée, dès le début de l'année 1884, de faire venir du Japon deux « djinn rickshaws », dont l'un était destiné au Tong-Doc, puis d'en faire copier par des ouvriers du pays. Ces premiers « pousses » remplissaient les Annamites de stupéfaction, presque de terreur : « La foule ne sait plus que devenir quand elle en voit un arriver, raconte Paul Bourde (1), chacun se sauve en courant, alors qu'il suffirait d'un pas pour se garer ».

La surprise fut encore plus forte lors de la création du premier tramway de Hanoi en 1885. L'*Avenir du Tonkin* du 22 août 1885 annonce ce grand événement sur un mode lyrique : « La multiplicité et la rapidité des voies et moyens de communication indique toujours un progrès dans la marche ascendante d'un pays ou d'un peuple... Grâce à l'intelligente initiative du commandant en chef, la ville de Hanoi vient d'être dotée d'un service régulier de tramway entre la Concession et la Citadelle ».

---

(1) P. Bourde, De Paris au Tonkin, Paris, 1885, p. 342. Les premiers pousses fabriqués au Tonkin laissaient beaucoup à désirer et l'on continua à en faire venir du Japon qui étaient fort recherchés. Dans les annonces de l'*Avenir du Tonkin* du 31 janvier 1886, nous avons noté : « A vendre une djinriksa du Japon, *provenance authentique*, 50 piastres ».

C'était tout simplement un petit tramway à chevaux qui passait par la rue des Incrusteurs et la rue de la Mission, cette dernière si étroite que l'ordonnance de police du 28 juillet 1885 recommande aux cavaliers et aux voitures de s'abstenir d'y passer aux mêmes heures que le tramway (quarante ans avant le « sens unique »). La même ordonnance de police, qui prévoit les moindres détails, interdit au conducteur du tramway de faire galoper ses chevaux et l'oblige à multiplier les appels de corne à la croisée des voies fréquentées.

Quant aux voitures, jusqu'en 1886, il n'y en eut que deux à Hanoi : « L'une en bois, genre voiture Malabar de Colombo, appartenant à la Mission et dans laquelle Mgr. Puginier allait faire ses visites ; la seconde, victoria découverte en osier, ayant appartenu au commandant Henri Rivière, avec laquelle il était parti au terrible combat du Pont de Papier... Cette victoria avait été achetée aux enchères par M. Coutel, le premier entrepreneur de Travaux publics établi à Hanoi (1) ».

Les deux étapes les plus marquantes de l'évolution du quartier français furent le dégagement du Petit Lac et la construction sur sa rive orientale des premiers bâtiments administratifs que l'on ait élevé en dehors de la Concession.

---

(1) Piglowski, *Indépendance tonkinoise*, 1929, 9 février.

« Comme une fiancée annamite dépose, un à un, ses vilains vêtements teints au cunau, souillés par les sueurs laborieuses — a dit Jules Boissière — nous, vieux colons, avons vu le Petit Lac, année par année et presque mois par mois se dégager de son orde ceinture de cai-nhas et nous apparaître dans sa neuve parure, rajeuni dans son cadre de feuillage et de fleurs ». Dès 1884, on avait conçu le projet d'un boulevard-promenade autour du Petit Lac et l'*Avenir du Tonkin* du 15 avril 1885 annonce le commencement des terrassements pour le réaliser. L'exécution de ce projet demanda plusieurs années, car il fallut procéder à d'importants remblais et à de nombreuses expropriations. Le plan parcellaire définitif où figure le tracé du boulevard circulaire date du 5 mai 1888 (1).

La décision de porter en pleine ville, dans le nouveau quartier français, le siège des administrations civiles, jusque là cantonnées derrière les palanques de la Concession, date de l'arrivée de Paul Bert au Tonkin. Un premier appel d'offres fut lancé aux entrepreneurs le 27 avril 1886, auquel on ne répondit que par des avant-projets insuffisants. Un modèle-type de bâtiment fut alors étudié par le service des travaux publics, adopté aussitôt par Paul Bert et mis en adjudication le 26 mai 1886. La maison Vezin et Huar-

---

(1) Ce plan et le dossier relatif à l'établissement du boulevard sont conservés aux Archives centrales de l'Indochine, Résidence supérieure au Tonkin, 4431.

del fut déclarée adjudicataire pour l'ensemble des quatre bâtiments.

Le projet primitif prévoyait des bâtiments à rez-de-chaussée surélevé de 2 mètres 50 au-dessus du sol, sans étage. Sur la proposition de l'ingénieur Getten, chef du service des Travaux publics, Paul Bert décida au mois de juillet de transformer le soubassement de 2 mètres 50 en rez-de-chaussée de 4 m. 10, muni de vérandas, cheminées et portes vitrées, ce qui doublait la surface habitable moyennant une dépense supplémentaire de 22.000 francs seulement par bâtiment. L'ensemble des bâtiments devait revenir dans ces conditions nouvelles à 420.000 francs, plus les frais du remblaiement évalué à vingt mille mètres cubes, le sol naturel des bords du Petit Lac étant alors « encaissé et inondable (1) ».

Les bâtiments furent achevés à la fin de 1887 et l'année suivante le terrain marécageux qui les séparait fut remblayé pour former le square Paul Bert. Des quatre bâtiments, deux subsistent encore, quelque peu modifiés, la Mairie et le Trésor ; les deux autres, la Poste et la Résidence supérieure ont été reconstruits sur un plan plus vaste.

En même temps que le nouveau quartier devenait le centre de la vie administrative et commerciale, il

____

(1) Archives centrales de l'Indochine, Résidence supérieure au Tonkin, n° 4435.

se développait vers le Nord par l'assèchement de quelques-unes des mares qui s'étendaient entre le Petit Lac
et le Fleuve Rouge et la construction sur leur emplacement de maisons destinées à loger les fonctionnaires (1) ; vers le Sud, par la création du boulevard
Gambetta. On admire aujourd'hui que l'on ait vu
grand de si bonne heure pour le plan de la ville; en
1888, on ironisait sur « ce fameux boulevard qui ne
sert à personne, n'aboutissant à rien, si peu fréquenté
qu'il est passé à l'état de brousse et que les cais-nhàs
qui le bordent sont abandonnées en partie par les habitants et tombent en ruines (2) ».

Une autre mesure excellente fut prise par l'arrêté
du Résident de Hanoi, en date du 26 décembre 1886 :
Les maisons en paillote situées rue Paul Bert, rue de
l'Exposition et rue des Brodeurs, devaient être démo-
lies et remplacées par des constructions en briques et
tuiles dans un délai d'un an. Quelques jours plus tard,
le 15 janvier 1887, un crédit de 600 francs était
accordé au Vice-résident de France à Hanoi pour la
construction de trottoirs rue Paul Bert, avec bordures
en briques. Le 9 juillet de la même année, on procédait à la pose, rue Paul Bert, de deux plaques
indicatrices en incrustations de nacre offertes par un
mandarin de la province à la mémoire de l'ancien

---

(1) *Avenir du Tonkin* du 26 juin 1886.
(2) *Avenir du Tonkin* du 1er septembre 1888.

Résident général. Le 14 janvier 1888, l'*Avenir du Tonkin* pouvait annoncer :

« Dans quelques jours, toutes les paillotes qui existaient dans la rue Paul Bert et la rue des Brodeurs auront complètement disparu. Nous assistons d'ailleurs à la transformation de ce quartier : partout d'élégantes maisons en briques, de beaux magasins s'élèvent sur les terrains occupés jadis par de sordides agglomérations annamites, foyers d'incendie et d'épidémie ».

Si l'on veut se représenter la vie que l'on menait alors à Hanoi, il faut lire les souvenirs récemment publiés (1) par un des survivants de la Période Héroïque, M. Piglowski : « L'existence était peu coûteuse... La plus grande cordialité présidait aux relations qui existaient entre tous les éléments de la population française de la ville. Il n'y avait pas de pose, pas de morgue... C'était le beau temps ! »

Toute complication vestimentaire était rigoureusement bannie. Les femmes elles-mêmes — d'ailleurs très rares — allaient volontiers au café en peignoir et les hommes en mauresque. Et M. Piglowski conte la mésaventure de jeunes attachés au cabinet de Paul Bert qui, s'étant rendus au café de Beire en chemise

---

(1) *Indépendance tonkinoise*, du 3 au 14 février 1929.

empesée et cravate de soie furent accueillis par de telles huées qu'ils durent aller changer de costume et revenir en pyjama.

Peu nombreuses, les distractions ne faisaient pas cependant tout à fait défaut. Nous avons déjà décrit les soirées officielles données à la Concession et les courses de la Citadelle. Un premier essai de théâtre fut tenté dès 1885 dans une baraque située entre le Petit Lac et l'usine d'électricité : « La première représentation a eu lieu le lundi 16 mars 1885, écrit le rédacteur de l'*Avenir du Tonkin*, je souligne cette date car elle appartient désormais à l'histoire théâtrale de la ville de Hanoi... On a accumulé dans les cent cinquante mètres carrés de la salle un luxe quasi-asiatique, murs en bambous aplatis, toiture en paillote, parquet en terre battue. Nos acteurs ont d'autant plus de mérite à bien jouer qu'ils manquent absolument de tout le matériel indispensable ; et bien souvent l'esprit se trouve forcément distrait par des phrases de dialogue qui sont en complète opposition avec le décor ».

La troupe se composait de deux professionnels, M. et Mme Deschamps, aidés par des amateurs de bonne volonté. Ils remportèrent le plus franc succès et de tous côtés on félicita Deschamps « de l'heureuse innovation qu'il avait apportée en créant un théâtre français au Tonkin »... ce qui n'empêcha pas la faillite du théâtre Deschamps d'être prononcée le 21 mats 1886, un an presque jour pour jour après la première représentation.

Le cercle des promenades était extrêmement restreint, car des bandes de pirates parcouraient les environs immédiats de la ville, mais on avait la ressource du canotage qui était pratiqué aussi bien sur le Petit que sur le Grand Lac. Dès 1883, le Commissaire général Harmand avait inauguré les promenades sur le Petit Lac dans une longue pirogue à dix rameurs, avec des sièges confortables protégés par une toiture légère (1). Les journalistes parisiens logés sur les bords du Petit Lac avaient chacun leur embarcation et deux canots étaient, nous l'avons vu, à la disposition des pensionnaires du Grand Hôtel de la rue des Brodeurs. Chaque année le 14 juillet, des courses en pirogues et en paniers étaient disputées par les indigènes, partagés en équipes vêtues de couleurs différentes. Le point de départ était l'île de Jade. Chaque embarcation comportait, outre les rameurs et le barreur, un joueur de tam-tam (2).

Future capitale intellectuelle de l'Indochine, Hanoi s'ouvrit de bonne heure au culte des choses de l'esprit : Si l'Académie tonkinoise ne donna pas ce que Paul Bert en attendait, le Comité des Etudes agricoles, industrielles et commerciales tint des séances fort

----

(1) Voir la gravure de P. Bonnetain, l'Extrême-Orient, Paris, s. d., p. 611.

(2) Voir l'*Avenir du Tonkin* du 15 juillet 1885.

intéressantes en 1886 et 1887. L'*Avenir du Tonkin*, dirigé par un journaliste de talent, Jules Cousin, publiait de remarquables études de Dumoutier et du lieutenant Lassalle (sous le pseudonyme de Yann). Il est symptomatique que l'un des premiers services organisés dès 1883 fut l'Imprimerie du Gouvernement et que l'une premières maisons de commerce installée rue des Incrusteurs fut une librairie (Mainfroy, représentant de Crettier, puis établi à son compte). Dès 1886, L. Gillet créa un cabinet de lecture dont les abonnements étaient de deux piastres par mois ou de vingt cents par volume. Au même tarif, Schneider mit en location une partie des livres de sa librairie en 1888.

Dans les pages qui précèdent, nous nous sommes efforcés de noter les détails les plus caractéristiques de l'évolution de Hanoi pendant les premières années de l'intervention française. Pour que la ville pût se développer librement, il lui manquait l'autonomie administrative et territoriale : ce double progrès fut réalisé en 1888 grâce à l'arrêté du Gouverneur général du 19 juillet créant une municipalité et à l'ordonnance royale du 3 octobre érigeant en Concession française non plus seulement un petit terrain au bord du Fleuve Rouge, comme en 1874, mais le territoire même de la ville de Hanoi.

La vieille cité annamite, désormais toute entière française, allait bientôt être entraînée au rythme accéléré de. la vie moderne. Tous ceux, Français et Annamites, qui profitent aujourd'hui des progrès réalisés, ne doivent pas oublier les sacrifices et les labeurs de la Période Héroïque.

VII

DOCUMENTS INÉDITS SUR LA CONCESSION

La Concession française, lambeau
de terre dont on nous a fait l'aumône
dans un endroit où nous ne pouvions
être un danger pour personne.

Charles LABARTHE

I. — Extrait d'une lettre de l'amiral Krantz, Gouverneur de la Cochinchine, au Résident français au Tonkin, le 25 avril 1874 (1).

Les ambassadeurs annamites devant revenir à Saigon afin de signer le traité de commerce, je voudrais profiter de leur présence pour demander l'exécution de l'article 9 de la convention passée à Hanoi et qui est ainsi conçu : ..... (2)

Aussi je vous serais obligé de me fournir un croquis de la ville et de m'y indiquer le terrain que nous pourrions choisir pour établir la demeure du Résident ainsi que les magasins des négociants. Je pense qu'il vous sera facile de vous entendre à ce sujet avec le Gouverneur de Hanoi dont vous me faites l'éloge et pour lequel je donne l'ordre de chercher les loupes d'horloger qu'il demande.

------

(1) Archives centrales de l'Indochine, Amiraux, Reg. B. 220 (10), pp. 144 et 145.

(2) Laissé en blanc sur le registre. Le texte de l'art. 9 est le suivant : « Le gouvernement annamite concèdera un terrain, sur le bord du fleuve, pour construire une habitation au Résident français et aux soldats de son escorte ; ce terrain sera près du lieu où, après la conclusion du traité, on permettra aux commerçants français de s'établir. La désignation de ce terrain et la construction définitive de l'habitation du Résident sont réservées à la décision du Gouverneur de la Cochinchine, qui s'entendra par la suite à ce sujet avec les ambassadeurs annamites ».

II. — Extrait d'une lettre de l'amiral Krantz, Gouverneur de la Cochinchine, au Résident français au Tonkin, le 10 juin 1874 (1).

Je désirerais fort obtenir de vous les renseignements que je vous ai réclamés par lettre du 25 avril relativement à l'emplacement qu'il convient de choisir à Hanoi pour y établir la demeure du Résident français et les magasins des commerçants européens. Aussi je vous prie de vouloir bien me répondre à ce sujet par la plus prochaine occasion, si vous ne devez pas m'apporter vous-même les renseignements par le retour du Decrès.

III. — Extrait d'une lettre de l'amiral Krantz, Gouverneur de la Cochinchine, au chef de bataillon Dujardin, Commandant supérieur au Tonkin, le 24 juin 1874 (2).

Je désire d'autant plus aujourd'hui le retour à Saigon de M. Rheinart qu'il coïncidera avec l'arrivée des ambassadeurs annamites qui viennent signer le traité de commerce rédigé depuis le mois de mars. Je considère sa présence ici en ce moment comme devant être avantageuse, parce que j'ai absolument besoin de faire fixer l'étendue et la position de la concession de terrains qui nous est due aux termes de la convention passée à Hanoï et que seul à cette heure

____

(1) Archives centrales de l'Indochine, Amiraux Reg. B. 220 (10), p. 194.

(2) Archives centrales de l'Indochine, Amiraux Reg. B. 220 (10), p. 266.

cet officier peut me donner des renseignements propres à m'éclairer.

IV. — Extrait d'une lettre du chef de bataillon Dujardin, Commandant supérieur au Tonkin, à l'amiral Krantz, Gouverneur de la Cochinchine, le 3 septembre 1874 (1).

L'Aviso l'Antilope est arrivé en rade de Hai-Phong, le 19 août... Depuis l'arrivée de ce dernier bâtiment, j'ai fait avec l'Espingole, un voyage à Hanoi... J'ai trouvé les populations tranquilles, le pays pacifié, et les habitants, d'après les apparences, plutôt sympathiques que hostiles.

A Hanoi, j'ai été parfaitement reçu par le Gouverneur Trân-Binh, qui attendait mon arrivée avec impatience. Il a vivement protesté, devant moi, de ses bons sentiments et du désir qu'il avait de rester en bonnes relations avec nous.

J'ai reçu aussi la visite du Père Landais, missionnaire qui était resté volontairement seul à Hanoi lors de l'évacuation de cette ville par M. Rheinart et notre dernier détachement. Il m'a fait savoir que, depuis cette époque, il n'avait nullement été inquiété et qu'il avait trouvé appui près du Gouverneur, avec lequel il vivait dans d'excellentes relations. Une ou deux fois, quelques mauvais plaisants avaient voulu lui faire subir de petites vexations, mais les délinquants avaient été punis immédiatement. Cet ecclésiastique m'a répété ce que je savais déjà par le Gouverneur, que la province était tranquille et que la population voyait mon apparition à Hanoi avec le grand plaisir. Le Gouverneur et le Père Landais se rendent visite fréquemment.

____

(1) Archives centrales de l'Indochine, Amiraux 11576.

V. — Extrait d'une lettre de l'amiral Krantz, Gouverneur de la Cochinchine, au chef de bataillon Dujardin, Commandant supérieur au Tonkin, le 11 septembre 1874 (1).

Ainsi que ma dernière lettre vous le faisait pressentir, le traité de commerce a été signé le 31 août. Il sera probablement ratifié vers février prochain.

Avant de quitter Saigon, les ambassadeurs m'ont demandé de prendre des dispositions, de concert avec leur gouvernement, pour opérer la translation des restes des officiers, soldats et marins français inhumés dans la Citadelle de Hanoi. Il a été convenu que le Gouverneur de cette ville recevrait l'ordre de s'entendre avec l'officier français que je déléguerai.

Mettez-vous donc en relation avec lui et dès que vous saurez qu'il aura reçu des instructions, transportez-vous à Hanoi, à moins que vous ne préfériez déléguer un officier qui s'entendrait avec l'autorité annamite compétente sur le choix de l'emplacement du cimetière qui aura une superficie d'un demi hectare ou d'un hectare afin qu'il puisse dans l'avenir servir de cimetière aux européens qui décèderont à Hanoi.

Il devra à cet effet être situé dans l'espace compris entre le fleuve et les remparts d'une part, et d'autre part entre les rues Hang-Câu et Thach-Thi, ainsi que l'indique le croquis ci-joint (2).

Choisissez autant que possible un terrain peu humide et aussi voisin que faire se pourra des remparts de la Citadelle, afin qu'il ne soit ni trop éloigné, ni trop près du Consulat,

---

(1) Archives centrales de l'Indochine, Amiraux Reg. B. 220 (10). p. 258.
(2) L'original de cette lettre et le croquis sont perdus.

de la caserne et des maisons des négociants européens qui
seront établis dans l'espace rectangulaire ci-dessus désigné.
Vous demanderez qu'avant la translation des restes le cimetière soit clos, soit par des bambous, soit par des pa-
létuviers pour empêcher les animaux d'y pénétrer. Enfin, s'il
y a un missionnaire à Hanoi à cette époque , vous le prie-
rez de consacrer ce lieu de repos et vous prendrez lors de
l'exhumation et de l'inhumation les précautions nécessaires
pour éviter que les croix indicatrices soient changées de tombes
et pour que ces dernières soient placées au cimetière dans
l'ordre qu'elles occupaient déjà à la Citadelle.

VI. — Extrait d'une lettre du chef de bataillon
Dujardin, Commandant supérieur au Tonkin, à l'a-
miral Krantz, Gouverneur de la Cochinchine, le 15
octobre 1874 (1).

Votre lettre du 11 septembre, arrivée à Hai-Phong le
9 courant, m'ayant annoncé le départ d'un navire de Saigon à destination du Tong-King vers le 10 octobre, je n'ai
pas cru pouvoir m'absenter pour remplir vos instructions relatives à la translation des restes des officiers, marins et
soldats enterrés dans la Citadelle de Hanoi... Je me ren-
drai dans cette ville après le départ de Hai-Phong du navire attendu de Saigon, c'est-à-dire dans les derniers jours
du mois courant.

J'ai remarqué sur le plan, Amiral, l'emplacement destiné
aux établissements européens. Je crains bien, d'après la con-

---

(1) Archives centrales de l'Indochine, Amiraux 11576.

naissance que j'ai de la localité et la hauteur des eaux que j'ai eu lieu d'observer en allant à Hanoi à la fin d'août dernier, que ce terrain ne soit submergé pendant une partie de l'année et qu'il ne faille de grands travaux pour le rendre habitable.

VII. — Extrait d'une lettre du chef de bataillon Dujardin, Commandant supérieur au Tonkin, à l'amiral Krantz, Gouverneur de la Cochinchine, le 9 novembre 1874 (1).

Conformément aux instructions contenues dans votre lettre du 11 septembre dernier et après avoir reçu du Gouverneur d'Hanoi une dépêche par laquelle ce haut fonctionnaire m'avisait qu'il avait reçu des instructions de son gouvernement pour s'entendre avec moi sur le choix d'un emplacement destiné à recevoir les restes des Français enterrés dans la Citadelle, je partis pour cette ville sur l'Espingole le 28 octobre avec M. Le Bourdellès, l'un des médecins du détachement. Dès en arrivant le 31 octobre, je me présentai au Gouverneur pour traiter cette question et je lui demandai tout d'abord à choisir, dans le terrain que vous m'avez indiqué, l'emplacement à affecter au cimetière ; puis la translation à bref délai des restes des officiers, marins et soldats inhumés dans la Citadelle. Il me répondit aussitôt qu'il ne devait être question dans notre entrevue que du choix de l'emplacement et que l'opération que je demandais ne pouvait avoir lieu qu'après l'approbation de la Cour de Hué. En second lieu, il m'objecta que le terrain indiqué sur le plan que vous m'avez

____

(1) Archives centrales de l'Indochine, Amiraux 11576.

envoyé comme devant être affecté aux établissements français, appartenait à des propriétaires ; qu'il était très peuplé, couvert d'établissements et de matériaux et que l'on éprouvera de très grandes difficultés à l'obtenir ; que de plus il était fort humide, submergé en grande partie et inondé pendant environ deux mois de l'année.

Pendant cet entretien, le deuxième ambassadeur arrivé de Haï-Duong où je l'avais laissé l'avant veille, pénétrait dans la chambre où nous nous trouvions et après s'être mis au fait de la question se rangeait à l'avis du Gouverneur.

Ce dernier m'offrit ensuite d'aller visiter avec lui et l'ambassadeur, le lendemain, le terrain compris dans l'enceinte et au midi du Fort du Sud. Il espérait que nous pourrions nous entendre. Je me rendis à l'heure fixée au point de réunion et j'eus l'occasion chemin faisant, en traversant Tach-Thi et Van-Cau (*sic*), de reconnaître l'exactitude des observations qui m'avaient été faites (chantiers de construction, dépôts de bois, nombreux établissements et maisons, population agglomérée, terrain humide inondé pendant une partie de l'année).

L'emplacement du Fort du Sud est contigu à Tach-Thi ; il est relativement sec. Les parapets de cet ouvrage (informe d'ailleurs), sont suffisamment élevés pour le préserver de l'inondation ; de plus, les terrains situés au midi sont de bonne qualité, assez élevés, submergés seulement pendant dix ou quinze jours de l'année, et, circonstance avantageuse, appartiennent ainsi que le Fort à l'état, qui, d'après ce que m'a dit le Gouverneur, est tout disposé à nous l'accorder dans de larges proportions.

En conséquence, j'ai arrêté de concert avec les autorités annamites (Ambassadeur et Gouverneur), que, sauf approbation de leur gouvernement et la vôtre, Amiral, un hectare de terrain F. C. D. C. situé à l'intérieur du Fort et un hectare B. F. C. E. situé à l'extérieur seraient mis à notre disposition, pour être affectés en tout ou partie au cimetière des Européens, et j'ai prié ces hauts fonctionnaires de vouloir bien faire exécuter le plus tôt possible, sur cet emplacement, les travaux nécessaires (remblais, chaussées, clôtures) de manière que la translation des restes puisse être faite aussitôt que l'approbation des autorités compétentes sera parvenue.

Tout en déterminant l'emplacement du cimetière et malgré les affirmations de l'ambassadeur qui, me déclarant qu'aucun projet de cession de la zone Tach-Thi et Van-Cau n'avait été arrêté à Saigon, m'a manifesté le désir de voir employer le Fort du Sud aux établissements français (Consulat, casernes, etc.) je ne me suis pas engagé sur ce dernier point. Le cimetière, en effet, ne sera pas trop éloigné si les établissements français sont à Tach-Thi et il ne sera pas trop rapproché si ces établissements sont au Fort du Sud et au-dessous.

Le seul inconvénient qu'il y aurait, à mon avis, à affecter les environs du Fort du Sud au commerce européen serait le peu de profondeur des eaux devant cette zone. J'ai fait sonder une partie du fleuve et la hauteur des eaux actuelle concorde avec les renseignements qui m'ont été donnés et desquels il résulte que, pendant une partie de l'année, on ne trouve que 50 centimètres de fond dans certains endroits. Mais je ne crois pas que cette difficulté soit insurmontable, les barques et jonques légères pouvant faire le trajet de ce point en rade. La crainte que les gens de Tach-Thi éprouvent d'être dépossédés de leur terrain est si grande qu'ils ont offert de creuser le chenal.

VIII. — Extrait d'une lettre de l'amiral Duperré, Gouverneur de la Cochinchine, au chef de bataillon Dujardin, Commandant supérieur au Tonkin, le 12 décembre 1874 (1).

Les motifs que les autorités annamites ont fait valoir pour repousser un projet d'établissement soit à Tach-Ty, soit à Van-Cao (*sic*), vous ont paru devoir être pris en considération : Je n'hésite donc pas à accueillir vos propositions et vous pouvez, dès à présent, vous concerter avec le Gouverneur de Hanoi pour que les travaux de remblais, chaussées, clôtures, etc. qu'exige l'établissement du cimetière, soient commencés sans retard. Quant à la translation des restes des Français inhumés dans la Citadelle, je crois qu'il conviendra d'attendre que la présence du Résident français à.Hanoi et celle d'une garnison rendent impossible toute manifestation hostile qu'il serait peut-être difficile d'éviter aujourd'hui.

Vous n'ignorez pas que les ambassadeurs de la Cour de Hué, avant leur départ de Saigon, avaient sollicité avec beaucoup d'instances une prompte translation des restes des Français inhumés dans la Citadelle, vous devez donc prendre acte des nouvelles dispositions que les autorités annamites vous ont témoignées, et obtenir de l'ambassadeur (s'il est encore au Tonkin) ou, en son absence, du Gouverneur de Hanoi, qu'il fasse connaître à la Cour de Hué la décision prise au sujet de l'ajournement de cette cérémonie.

En ce qui concerne les emplacements destinés à recevoir le Consulat, les casernes, les ambulances, les bâtiments des

---

(1) Archives centrales de l'Indochine, Amiraux Reg. B. 220 (10), pp. 316 et 317.

Douanes, etc., je ne saurais adhérer d'une manière définitive à la proposition que le Gouverneur de Hanoi vous a
faite d'affecter l'enceinte du Fort du Sud à ces établissements. La question doit être examinée. Mais comme je tiens
à ce que le chenal soit creusé devant le fort, dans le
cas où nous accepterions l'emplacement qui nous est offert,
il convient de laisser supposer jusqu'au dernier moment que
nous ne renonçons pas à nous établir à Thach-Thy, afin de
décider les habitants de cette localité à se charger, sans in-
demnité, des travaux de curage.

M. le capitaine du Génie Dupommier que j'envoie au Tonkin vous communiquera les instructions qu'il emporte. Les
travaux préparatoires de sondage et les études dont il est
chargé ne rencontreront à Hai-Phong, je l'espère, aucunes
difficultés, et j'ai lieu de croire qu'il vous sera également facile de prendre de concert avec les autorités annamites toutes
les mesures nécessaires pour que M. Dupommier puisse remplir à Hanoi une mission dont la nécessité résulte des obli-
gations que nous imposera le traité du 15 mars 1874, aussitôt
après l'échange des ratifications. Vous n'ignorez pas en effet,
M. le Commandant, que l'ouverture des ports de Hai-Phong
et de Hanoi pourra avoir lieu à cette époque, c'est-à-dire
déjà dans trois mois, que des opérations commerciales importantes sont peut-être projetées dans les ports voisins et
que nous devons nous trouver en mesure de faire exécuter ou
respecter par nos agents toutes les clauses du traité. Je vous
recommande donc de ne rien négliger pour faciliter la mission de M. le capitaine Dupommier : mon intention est d'envoyer au Tonkin à la fin du mois M. le directeur du Génie,
qui, éclairé par les renseignements que lui fournira M. Dupommier, pourra tout à la fois s'entendre définitivement avec

les autorités annamites pour le choix des emplacements et préparer le devis des constructions qu'il faudra se hâter d'entreprendre.

IX. — Extrait d'une lettre du chef de bataillon Dujardin, Commandant supérieur au Tonkin, à l'amiral Duperré, Gouverneur de la Cochinchine, le 24 décembre 1874 (1).

Le bâtiment le d'Estrées est arrivé à l'embouchure du Cua-Cam le 19 décembre... Le vapeur Saltée de la Cⁱᵉ Larrieu venant de Hong-Kong est également arrivé à Hai-Phong le 21 décembre...

M. le capitaine du Génie Dupommier m'a communiqué dès en débarquant les instructions écrites dont il est porteur. Je ne négligerai rien pour procurer à cet officier les moyens de remplir sa mission afin que son travail puisse être complet ou aussi avancé que possible lorsque M. le directeur du Génie arrivera au Tong-King. Pour ce qui concerne Hai-Phong et ses environs, il n'éprouvera certainement aucunes difficultés au sujet de ses opérations de sondage. Quant à Hanoi, je crois pouvoir dès à présent répondre de la liberté entière qui lui sera accordée à ce sujet.

Comme il y a déjà deux mois que je ne suis allé à Hanoi, je remonterai probablement jusqu'à cette ville pour traiter plus directement avec le Gouverneur la question concernant les travaux de préparation du cimetière, le curage du chenal devant le Fort du Sud, l'ajournement de la translation des

---

(1) Archives centrales de l'Indochine, Amiraux 11576.

restes des Français inhumés dans la Citadelle, etc. De cette manière, je serai à même de faciliter plus efficacement à M. Dupommier l'exécution de sa mission dans cette localité.

X. — Extrait d'une lettre du chef de bataillon Dujardin, Commandant supérieur au Tonkin, à l'amiral Duperré, Gouverneur de la Cochinchine, le 27 décembre 1874 (1).

Le Saltée part aujourd'hui pour Hong-Kong, emportant les plis à destination de Saigon et de France.

Je profite de cette occasion pour vous rendre compte que M. Dupommier, capitaine du Génie, est parti pour Hanoi avec l'Espingole le 25 au matin. Cet officier avait déjà recueilli avant le départ du d'Estrées quelques renseignements relatifs aux moyens de se procurer des matériaux de construction. Il avait aussi opéré quelques sondages à Hai-Phong et dans les environs. Je pense qu'il a rendu compte des résultats de ses travaux à M. le directeur du Génie à Saigon.

J'avais l'intention de remonter à Hanoi pour m'entretenir avec le Gouverneur de la province au sujet de l'ajournement de la translation des restes des militaires inhumés dans la Citadelle, de la prompte exécution des travaux du cimetière et aussi pour faciliter à M. Dupommier ses diverses opérations ; mais le Gouverneur ne m'ayant pas encore informé, ainsi qu'il était convenu entre nous, qu'il eût reçu de la Cour de Hué une réponse aux demandes qui lui avaient été soumises à la suite de notre dernière entrevue, j'aurais fait un voyage inutile, car je me serais buté contre une

---

(1) Archives centrales de l'Indochine, Amiraux 11576.

réponse invariable : « Je n'ai rien reçu de Hué, il faut attendre l'autorisation ». D'autre part, le voyage de l'Espingole pouvant se prolonger plus longtemps que précédemment par suite des inconvénients résultant de la baisse des eaux qui commence à se faire sentir, j'ai préféré ajourner mon voyage. Je suis convaincu que M. Dupommier n'éprouvera pas de difficultés pour accomplir sa mission ; toutefois, j'écris au Gouverneur pour qu'on la lui facilite. Je parle en outre, dans ma lettre au Gouverneur, des différents sujets dont je l'aurais entretenu si j'étais allé à Hanoi. J'ai envoyé du reste avec M. le capitaine du Génie, pour me représenter, ainsi que M. l'amiral Krantz m'y avait autorisé (lettre du 12 septembre), M. le capitaine-adjudant-major Brionval qui est au courant de la situation. Cet officier, muni de mes instructions, pourra faire les démarches que j'aurais faites, et obtenir, s'il est possible, quelques résultats. Enfin, M. Moussu, capitaine de l'Espingole, qui est resté pendant quatre mois consécutifs à Hanoi, mettra M. Dupommier en communication avec les entrepreneurs, fournisseurs, marchands, qui nous servaient pendant notre séjour dans cette ville.

XI. — Extrait d'une lettre de l'amiral Duperré, Gouverneur de la Cochinchine, au directeur du Génie à Saigon, le 26 décembre 1874 (1).

La mission que vous allez remplir au Tonkin a pour but de vous permettre d'établir dans le plus bref délai des projets et des devis de construction des divers établissements

---

(1) Archives centrales de l'Indochine, Amiraux Reg. B. 220 (10), p. 326.

pour nos agents consulaires et nos troupes tant à Hanoi qu'à Hai-Phong, lorsque ces deux ports seront ouverts au commerce, c'est-à-dire vers la fin du mois d'avril prochain. M. le capitaine Dupommier qui a été envoyé à Hai-Phong aura sans doute recueilli déjà des renseignements qui faciliteront et abrègeront vos recherches, mais il sera nécessaire que vous fassiez vous-mêmes la reconnaissance des terrains et que, mis en rapport avec les autorités annamites par les soins de M. Dujardin, Commandant supérieur, vous arrêtiez définitivement avec elles le choix des emplacements abandonnés aux Européens et particulièrement au Représentant de la France.

La Cour de Hué s'est déjà occupé de la future résidence de son consul à Saigon, votre arrivée au Tonkin, dans le but d'assurer l'exécution des clauses du traité ne causera donc aucune surprise et j'ai lieu de croire que vous ne rencontrerez de la part du Gouverneur de Hanoi qu'un accueil très bienveillant et un grand désir de faciliter votre mission que j'ai du reste annoncée au Ministre des Affaires Etrangères.

Je suis assez préoccupé de difficultés de la navigation du fleuve dans cette saison et je crains que votre voyage à Hanoi ne rencontre des obstacles insurmontables. Vous vous entendrez avec M. Dujardin qui a l'ordre de mettre à votre disposition tous les moyens nécessaires pour profiter d'une circonstance favorable, mais vous renoncerez à cette partie de votre mission si, pour l'accomplir, votre séjour au Tonkin devait être trop prolongé. Je pense que le d'Estrées arrivera à Hai-Phong vers le 15 janvier. Je donnerai l'ordre à M. le commandant Joucla de retarder jusqu'au 20 son départ pour Saigon et je désire que vous ne prolongiez pas votre absence au delà de cette époque.

Vous savez, M. le Directeur, que, selon les stipulations du traité du 15 mars, nous devons avoir des agents consulaires à Hanoi et à Haiphong, que, sur ces deux points, nous maintiendrons un détachement de 100 hommes au moins, enfin que des agents de la Douane européens et annamites fonctionneront à côté de nos consuls. Il y a donc lieu de prévoir la construction des établissements indiqués ci-après :

à Hanoi

— Logement d'un consul et ses bureaux.
— Logement d'un fonctionnaire de la Douane et ses bureaux.
— Casernement pour une compagnie d'infanterie.
— Ambulance.
— Logement pour six officiers.

. . . .

Ces indications, sans avoir aucunes caractères de précision n'ont d'autre but que de vous permettre d'apprécier approximativement l'étendue des concessions de terrain qui devront nous être faites.

XII. — Convention du 11 janvier 1875, relative à la Cession du Fort du Sud (1).

L'an mil huit cent soixante-quinze, le onze janvier.

Entre nous :

Varaigne, Jules, Auguste, lieutenant-colonel, directeur du Génie en Cochinchine agissant en vertu des ordres de monsieur le contre amiral, Gouverneur et commandant en chef, d'une part,

____

(1) Archives centrales de l'Indochine, Amiraux 11693. Original signé par le lieutenant-colonel Varaigne et Trân-dinh-Tuc.

Et Tran-dinh-Tuc, Gouverneur de Hanoi, agissant au nom du gouvernement de Sa Majesté Tu-Duc, Roi d'Annam,

Il a-été convenu ce qui suit :

Le terrain réservé aux établissements français comprendra le Fort du Sud, et s'étendra ultérieurement le long du fleuve en aval, s'il est nécessaire.

Le Gouvernement annamite fournira les corvées d'ouvriers dont on aura besoin pour creuser le chenal si on le juge utile, ou pour créer une digue qui facilitera les communications entre l'île et le Fort du Sud.

Fait sous réserve de l'approbation de M. le contre amiral Gouverneur et Commandant en chef et du gouvernement de Sa Majesté Tu-Duc, Roi d'Annam.

XIII. — Extrait d'une lettre de l'amiral Duperré, Gouverneur de la Cochinchine, au chef de bataillon Dujardin, Commandant supérieur au Tonkin, le 22 janvier 1875 (1).

... Je demande en même temps au ministre des Affaires Etrangères de ne rien changer à ce qui a été arrêté au mois de novembre dernier concernant la translation des Français inhumés à Hanoi. Informez le Gouverneur de cette démarche et dites lui que c'est sur sa demande que j'ai modifié les ordres qui vous avaient été donnés, que je ne compte pas revenir sur ce qui a été décidé. J'appelle également l'attention du Ki-Vi-Ba sur l'opportunité des travaux de canalisation devant le Fort du Sud et l'intérêt qu'ont les

____

(1) Archives centrales de l'Indochine, Amiraux Reg. B. 220 (10), p. 345.

riverains à faciliter le mouvement commercial dans leur voisinage. J'espère que le Gouverneur recevra l'ordre de fournir des corvées.

Je vais informer le Ministre de la Marine par le télégraphe des résultats de la mission de M. le colonel Varaigne, lui faire connaître le chiffre approximatif des dépenses et solliciter l'autorisation de faire immédiatement commencer les travaux. Dès que j'aurai reçu la réponse du Ministre, je communiquerai les projets que j'aurai adoptés et les moyens qui seront employés pour arriver la plus promptement possible à une installation qui permette d'ouvrir les deux ports au commerce en avril.

XIV. — Extrait d'une lettre de l'amiral Duperré, Gouverneur de la Cochinchine, au Ministre de la Marine, le 12 février 1875 (1).

Le directeur du Service du Génie a évalué les dépenses en tenant compte des renseignements qu'il est allé recueillir au Tonkin, sur les ressources que nous trouverions dans le pays même .Les maisons construites en Cochinchine pour les inspecteurs ne sont pas des demeures luxueuses ; elles sont cependant très convenables et j'ai prescrit de les considérer comme types. Soyez certain, Monsieur le Ministre, que les travaux que je vous propose d'autoriser répondent à des besoins réels, que le strict nécessaire a seul été prévu.

Le Gouvernement annamite nous cède un terrain à Hanoi, conformément au traité ; il sera obligatoire de le clôturer, ainsi que le cimetière avoisinant.

---

(1) Amiraux, Reg. B. 11 (21), pp. 97 et 98.

La construction de puits ou de citernes est une nécessité de premier ordre au Tonkin comme en Cochinchine.

Pendant l'exécution des travaux, nous devons nous installer dans la ville même d'Hanoi, où il faudra louer une série de maisons annamites contigues afin de ne pas disséminer les hommes du détachement et réunir, autant que possible, sur un même point tout notre personnel et les différents services. Or, ces maisons sont fort petites et comme nous devons nous adresser à un grand nombre de propriétaires, il faut s'attendre à subir des exigences de leur part. Je ne crois donc pas que le chiffre prévu pour les locations soit exagéré.

XV. — Convention du 30 mai 1875, relative à la cession du Camp des Lettrés (1).

L'an mil huit cent soixante-quinze, le trente mai.

Entre :

Tran-dinh-Tuc, Gouverneur de la province de Hanoi,
Tran-hi-Tang, Sous-Gouverneur de la même province et chargé spécialement des Affaires commerciales, d'une part,

Et

Brionval, Jean-Baptiste, Victor, Marie, capitaine adjudant-major d'Infanterie de Marine, délégué par le commandant supérieur, Résident politique au Tonkin,

---

(1) Archives centrales de l'Indochine, Amiraux 11693.

Dupommier, Armand, Alphonse, capitaine, commandant du Génie au Tonkin, d'autre part ;

Considérant :

Qu'il est de toute nécessité de préparer des logements dans le plus bref délai pour le personnel français qui doit venir prochainement à Hanoi ;

Que les constructions que le Gouvernement annamite avait projetées à cet effet sur l'emplacement du Fort Sud sont complètement insuffisantes ;

Que la construction de tous les locaux nécessaires sur le susdit emplacement serait et fort dispendieuse et ne pourrait être terminée pour le 1er juillet, le personnel devant, selon toute probabilité, arriver dans le courant de ce mois ;

Que l'exécution de ces constructions sortirait d'ailleurs des ordres du contre-amiral Gouverneur et commandant en chef, prescrivant de s'installer provisoirement dans des constructions déjà construites :

Il a été convenu ce qui suit :

Article premier. — Le lieu dit « Camp des lettrés » sera mis à la disposition du Gouvernement français pour y installer tout son personnel jusqu'au 1er janvier 1877 et plus tard, s'il y a lieu, en attendant l'achèvement des constructions définitives.

Art. 2. — Les réparations et aménagements à faire sont à la charge du Gouvernement français.

Art. 3. — La présente convention recevra son exécution dès aujoud'hui et sera soumise ultérieurement à l'approbation des représentants des deux Gouvernements.

Fait à Hanoi, le 30 mai 1875.

Les Gouverneurs : (signé) TRAN-DINH-TUC,
                  (signé) TRAN-HI-TANG,

Le Capitaine adjudant major (signé) BRIONVAL,
Le Capitaine du Génie (signé) DUPOMMIER,

Le Commandant supérieur et Résident politique au Tonkin :
            (signé) E. DUJARDIN,

Vu et approuvé : le Contre-Amiral et commandant en chef :
            (signé) DUPERRÉ.

XVI. — Extrait d'une lettre de l'amiral Duperré,
Gouverneur de la Cochinchine, à M. de Kergaradec,
Consul de France à Hanoi, le 6 août 1875 (1).

Vous trouverez à Hanoi les bâtiments du Camp des Lettrés disposés pour vous recevoir.

J'ai donné des instructions précises dans le but de hâter par tous les moyens les constructions définitives sur les terrains qui nous ont été concédés sur le bord du fleuve... la nécessité d'évacuer le Camp des Lettrés au mois d'août étant admise, il faut être en mesure de l'effectuer à cette époque. Je n'ai pas cru devoir insister auprès du Gouvernement annamite pour obtenir l'exécution de la convention que le Gouverneur de Hanoi avait imprudemment signée ; il m'a semblé plus sage d'éviter une cause de conflit, de ne pas fournir un prétexte aux intrigues des lettrés que vous retrouverez animés

____

(1) Archives centrales de l'Indochine, Amiraux Reg. B. 223. Corr. du Gouverneur de la Cochinchine avec le Consul de Hanoi. du 20 juillet 1875 au 4 mars 1879.

des sentiments qu'ils ont violemment manifestés lors de notre
arrivée au Tonkin. Vous ferez connaître au Gouverneur Tran
que j'ai fait une concession sollicitée par le Ki-Vi-Ba fort
embarrassé de la situation qui résultait de l'engagement for-
mel pris vis-à-vis de moi...

Il y aura lieu de faire délimiter avec soin notre concession et d'établir les titres qui la consacrent.

XVII. — Lettre de M. de Kergaradec, Consul de France à Hanoi, à l'amiral Duperré et convention du 31 août 1875, relatives aux limites de la Concession (1).

Hanoï, le 2 septembre 1875.

Amiral,

J'ai l'honneur de vous adresser copie du plan de la Concession française, ainsi que de la convention faite à ce sujet
entre les autorités annamites et moi.

Ce n'est pas sans peine que les deux Gouverneurs ne sont
décidés à signer ces deux pièces. En effet, lorsque le 28
nous nous sommes rendus ensemble sur le terrain, on m'a
présenté, comme nous étant destiné, un espace a. b. c. d.,
dont les limites, soigneusement marquées par des piquets,
comprenaient strictement les cinq maus auxquels nous avons
droit suivant la lettre du traité. Or cet espace est insuffisant
pour nos établissements, et je savais qu'à Haiphong on avait
dû comprendre dans le projet de Concession une bande de
terrain qui couvre à mer haute, mais qu'il est aisé de défendre par une digue et en porter ainsi l'étendue à sept ou

---

(1) Archives centrales de l'Indochine, Amiraux 12982.

huit hectares au moins. Je répondis donc aux deux mandarins
que je craignais que ce terrain ainsi préparé ne fût trop petit ;
que je n'ignorais pas que le traité ne nous donnait droit qu'à
l'abandon gratuit de cinq maus, mais que rien ne devait
empêcher de nous vendre à prix d'argent les terrains environnants. On me répliqua que ces terrains appartenaient à l'Etat,
qu'on ne les vendrait pas et que pour nous les donner il faudrait demander à Hué l'autorisation du thuong bac.

Ceci aurait occasionné un long retard, il fallait terminer
promptement cette affaire, et cependant il me paraissait essentiel d'obtenir assez d'espace pour pouvoir nous trouver au
large dans cet établissement.

J'avais déjà pu remarquer combien on était désireux de
nous voir évacuer le Camp des Lettrés pour l'époque des examens et j'avais attendu avec intention le moment de la négo-
ciation qui nous occupait, pour faire connaître au Gouverneur
la détermination que vous aviez prise à ce sujet. C'est en
faisant cette concession en votre nom que j'ai pu obtenir que
tout l'espace entouré d'un liseré rouge sur le plan, nous serait
cédé à titre gratuit sans en excepter même le terrain teint en
jaune, sur lequel les Annamites ont bâti les maisons des Douanes destinées aux fonctionnaires indigènes qui doivent agir
de concert avec le service européen.

Si ce service est installé, les agents annamites demeure-
ront donc, en somme, sur notre terrain, ainsi qu'il ressort
clairement du texte de la convention en deux articles, que j'ai
eu soin de faire très brève. Aussitôt après la signature de
cet acte, j'ai remis au Gouverneur une lettre dont la copie
est ci-jointe, annexe n° 2, par laquelle je promis en votre
nom que les travaux seront terminés à la fin du huitième
mois annamite, c'est-à-dire vers le vingt-six octobre de l'année prochaine (le 5° mois de l'année Binh-ti est double). Il

faut environ un mois, en effet, pour mettre le Camp des Lettrés en état de recevoir les candidats qui doivent y entrer le 25 du neuvième mois.

Tous les fonctionnaires annamites, y compris le Gouverneur général de Hai-duong, m'ont paru attacher une importance extrême à cette question de l'évacuation du Camp ; et il est très probable qu'ils craignaient une agitation sérieuse pour cette époque, si vous aviez insisté auprès du Gouvernement annamite, pour obtenir l'exécution de la convention signée par le Gouverneur de Hanoi. Ils sont satisfaits aujourd'hui, et m'ont assuré que les plus grandes facilités seraient donnés à M. Dupommier pour réunir les matériaux de toutes sortes qui seront nécessaires.

A ce sujet, je ne dois pas vous laisser ignorer, Amiral, que le capitaine du Génie n'a encore aujourd'hui reçu aucun ordre pour commencer les travaux à Hanoi. J'ose me permettre d'ajouter qu'à mon avis, si l'on veut être en mesure de tenir les engagements pris, il est essentiel non seulement de ne pas perdre un instant, mais encore d'envoyer de Saigon un certain nombre d'ouvriers chinois, qui serviront de surveillants aux ouvriers annamites, lesquels sont incapables de faire rien convenablement eux-mêmes ; M. Dupommier est de cet avis, et a dû formuler la même demande. Enfin, si après l'ouverture des ports on pouvait donner une partie des travaux à des entrepreneurs de Saigon, surtout à des chinois, je pense que nous arriverions sans peine à finir les constructions à l'époque fixée.

Veuillez agréer, Amiral, l'assurance de mes sentiments les plus respectueux.

Le Consul de France à Hanoi,
DE KERGARADEC.

ANNEXE AU RAPPORT DU 2 SEPTEMBRE 1875. — N° 2.

COPIE

Le Consul de France à Hanoi, à leurs Excellences le Gouverneur général de Hanoi et Ninh-Binh et le Sous-Gouverneur de Hanoi.

Conformément à ce qui a été convenu il y a deux jours entre vos Excellences et moi, j'ai fait lever en double expédition le plan des terrains du Fort du Sud que le Gouvernement de l'Annam consent à mettre à la disposition du Gouvernement français.

Si vos Excellences veulent bien y apposer leurs signatures, je suis autorisé par son Excellence le Gouverneur de la Cochinchine à leur promettre que les travaux seront commencés promptement, et que, dans tous les cas, ils seront terminés au plus tard à la fin du huitième mois de l'année Binh-Ti, afin que, le premier jour du dixième mois, les candidats aux examens puissent entrer en possession du Camp des Lettrés.

Je saisis cette occasion pour prier vos Excellences d'agréer la nouvelle assurance de mes sentiments de haute considération.

Le Consul de France à Hanoi,
Signé : DE KERGARADEC.

Pour copie conforme :
Le Consul de France à Hanoi,
DE KERGARADEC.

COPIE ANNEXÉE AU RAPPORT DU 2 SEPTEMBRE 1875. — ANNEXE N° 3.

Le trente-et-un août dix huit cent soixante-quinze, premier jour du 8ᵉ mois de la vingt-huitième année de Tu-Duc.

Entre le Consul de France à Hanoï, d'une part ;

et les hauts fonctionnaires Tran, Gouverneur général de Hanoi et Ninh-Binh, et Tran, Sous-Gouverneur de Hanoi, d'autre part,

Il a été convenu et arrêté ce qui suit :

Article premier. — Le terrain, dont le plan est ci-joint (1), comprenant l'emplacement de l'ancien Fort du Sud, est cédé au Gouvernement français ; les limites de la Concession sont déterminées par le liseré rouge du plan.

Art. 2. — Les établissements de la douane annamite déjà construits continueront à être occupés par les fonctionnaires de ce service tant que le gouvernement annamite le jugera convenable.

Fait à Hanoi, les jours, mois et année que dessus.

Le Consul de France à Hanoi,
Signé : DE KERGARADEC.

Approuvé :
le Tuan-phu de Hanoi,
TRAN
(cachet).

Approuvé :
le Tong-doc de Ha-Ninh,
TRAN
(cachet).

Pour copie conforme :
DE KERGARADEC.

—————

(1) Voir planche XVIII.

XVIII. — Extrait d'une lettre de M. de Kergaradec, Consul de France à Hanoi, à l'amiral Duperré, Gouverneür de la Cochinchine, le 9 novembre 1875, et rapport médico-légal joint à cette lettre (1).

J'ai à vous rendre compte, Amiral, de la translation au nouveau cimetière français des marins et militaires inhumés dans la Citadelle. Après en avoir causé avec les autorités annamites et les missionnaires, j'ai jugé qu'il était nécessaire et convenable de donner à l'enterrement de nos camarades une certaine solennité, et que cette cérémonie ne pouvait d'ailleurs avoir aucun inconvénient. En conséquence, je me suis transporté à la Citadelle le 3 novembre à 7 h. du matin, accompagné du commandant supérieur, du médecin major du détachement et du secrétaire du Consulat, et nous avons fait faire en notre présence l'exhumation des corps. Cette pénible opération, à laquelle j'ai eu soin de n'employer que des annamites chrétiens, a duré presque toute la journée, et ce n'est qu'à quatre heures de l'après-midi que le cortège a pu arriver à la petite église de Hanoi, où les cercueils ont été veillés pendant toute la nuit. Le lendemain, jeudi 4 novembre, à sept heures, après une messe mortuaire dite par Mgr Puginier, le convoi, à la tête duquel marchait le vicaire apostolique revêtu de ses ornements pontificaux, s'est dirigé vers le cimetière français. Cette cérémonie qui s'est terminée vers dix heures du matin était vraiment imposante et s'est passée avec le plus grand ordre. Les autorités m'avaient donné pour faire la police une compagnie de soldats annamites qui est restée

____

(1) Archives centrales de l'Indochine, Amiraux 12988.

à ma disposition pendant les deux jours. Les chrétiens des paroisses environnantes étaient accourus, et les porteurs des catafalques, au nombre d'une centaine, avaient été pris parmi eux. La foule énorme qui se pressait sur le passage du cortège gardait une attitude respectueuse ; vous savez du reste, Amiral, quel respect on porte aux morts dans ce pays. Enfin le Gouverneur Tran, absent depuis quelques jours, et revenu à Hanoi le lendemain de la cérémonie, s'est rendu en arrivant avec toute sa suite au tombeau de M. Garnier pour lui faire, suivant l'usage annamite, une visite officielle.

J'espère, Amiral, que vous trouverez bon que nous ayons donné cette solennité aux obsèques de nos camarades. J'ai reconnu que cela ne pouvait avoir aucun inconvénient, que les mandarins et le peuple s'y attendaient, et que nous aurions nui à notre considération en agissant autrement. La dépense que j'ai dû faire a été assez considérable et approche de mille francs. Tout a cependant été fait avec économie par le R. P. Landais qui avait bien voulu se charger de tous les détails, mais il a fallu employer beaucoup de monde, faire dans quelques endroits des chemins exprès pour pouvoir arriver à notre cimetière, et élargir des portes de quartier trop étroites pour laisser passer le cortège.

Rapport médico-légal sur six exhumations faites à Hanoi le trois novembre mil huit cent soixante-quinze.

Je soussigné Jardon, Henri-Charles, médecin entretenu de 2ᵉ classe de la Marine, médecin-major à Hanoi (Tonquin), sur la requête de M. le comte de Kergaradec, Consul de France à Hanoi, déclare que le trois novembre mil huit cent soixante-quinze, à sept heures un quart du matin dans l'enclos du palais du Roi d'Annam, situé dans la Citadelle de Hanoi, en présence de :

Monsieur le Consul de France ;

Monsieur Aumoitte, secrétaire du Consulat faisant fonction
de chancelier ;

Monsieur Chapotot, chef de bataillon, commandant supérieur
des troupes au Tong-quin ;

J'ai assisté à l'ouverture des cercueils et procédé à l'examen des restes de six Français dont cinq morts sur le champ
de bataille, le vingt-et-un décembre mil huit cent soixante-
treize, et un mort de dysenterie le dix janvier mil huit cent
soixante-quatorze.

Après examen des ossements, avons reconnu ce qui suit :

GARNIER FRANCIS,

lieutenant de vaisseau, mort sur le champ de bataille, le 21
décembre 1873 — a eu la tête tranchée.

Le crâne présente : 1° la trace d'un coup de sabre d'une
étendue de six centimètres au niveau de la suture du temporal droit ; 2° une section nette par instrument tranchant de l'apophyse zygomatique gauche à la racine ; 3° deux
taches noirâtres sur le pariétal droit et une sur le frontal à sa partie moyenne. Deux vertèbres, l'atlas et l'axis
accompagnaient le crâne, d'où section probable du cou au
niveau de la troisième vertèbre cervicale, car la troisième et
la quatrième manquent. Le thorax présente une fracture des
côtes.

BALNY,

enseigne de vaisseau commandant l'Espingole, tombé sur
le champ de bataille le vingt-et-un décembre mil huit cent

soixante-treize. Le crâne présente un trou à la partie antérieure droite du frontal ; cette ouverture circulaire est probablement due à une balle.

L'apophyse mastoïde droite et la branche du maxillaire
inférieur du même côté ont été sectionnées assez nettement
par un instrument tranchant. La deuxième cervicale, l'axis,
manque.

La cage thoracique présente une fracture de côte à droite.

DAGORNE,

sergent-fourrier du Decrès, tombé sur le champ de bataille
le vingt-et-un décembre mil huit cent soixante-treize.

Le crâne présente une fracture qui intéresse tout le temporal droit et une partie de l'occipital du même côté, et
qui a été produite par un instrument tranchant ; il existe
une fracture au frontal ; l'axis et la troisième vertèbre cervicale manquent.

SORRE,

timonier breveté du Scorpion, tombé sur le champ de bataille
le vingt-et-un décembre mil huit cent soixante-treize.

Le crâne présente une ouverture circulaire à la partie mé-
diane supérieure du frontal ; les deux tibias portent des tra-
ces de coups de sabre. Il existe une fracture étendue à la
partie antérieure et interne de l'os ..., fracture produite
par un instrument qui a agi comme un coin.

BONIFAY,

matelot voilier de l'Espingole. Tombé sur le champ de bataille le vingt-et-un décembre mil huit cent soixante-treize.

Le crâne présente une section nette et complète du temporal gauche par un instrument tranchant ; il existe deux taches noirâtres sur le pariétal droit ; on trouve des fractures multiples ; les deux premières vertèbres cervicales manquent.

L'HEUREUX,

soldat mort à Hanoi le dix janvier mil huit cent soixante-quatorze, des suites de dysenterie.

Les ossements ne présentent rien de particulier à signaler cet homme étant mort à la suite d'une longue et douloureuse maladie.

L'exhumation commencée à sept heures du matin a été terminée à trois heures de l'après-midi.

A Hanoi, le trois novembre mil huit cent soixante-quinze.

signé : JARDON.

XIX. — Rapport du chef de bataillon Chapotot, Commandant supérieur au Tonkin, à l'amiral Duperré, Gouverneur de la Cochinchine, « sur la Situation militaire de la ville de Hanoi et en particulier de l'emplacement concédé au Gouvernement français » (1).

La ville de Hanoi est située dans une vaste plaine, sur la rive droite du Fleuve Rouge. Elle se compose d'une Citadelle et d'un centre populeux.

La forme générale de la Citadelle est celle d'un immense carré, ce qui lui donne l'avantage d'avoir un terre-

______

(1) Rapport joint à une lettre du chef de bataillon Chapotot, commandant supérieur au Tonkin, adressée à l'amiral Duperré, Gouverneur de la Cochinchine, le 16 novembre 1875. Archives centrales de l'Indochine, Amiraux 13526.

plein considérable, renfermant tous les établissements du gouvernement. Chacun des côtés du carré comprend trois fronts bastionnés, c'est-à-dire trois courtines, deux bastions et deux demi-bastions. Les fronts du centre, des côtés Nord, Est et Ouest et les fronts extrêmes du côté Sud, sont protégés par des demi-lunes sans réduits.

Cette forteresse, qui doit être rangée dans la classe des fortifications permanentes, participe, par sa construction, des fortifications passagères. Elle possède une berme qui ne possède pas moins de 6 à 7 mètres de largeur.

La hauteur du rempart au-dessus de la berme est d'environ 5 mètres. L'escarpe est revêtue d'une maçonnerie en briques.

Le fossé du corps de place à une largeur de 15 à 18 mètres et une profondeur d'environ 5 mètres. L'escarpe du fossé comme celle du rempart est revêtue d'un mur en briques. La contre-escarpe n'a pas de revêtement.

Les fossés du corps de place et des demi-lunes sont inondés d'une manière premanente ; la hauteur des eaux ne dépasse pas 1 m. 20 ou 1 m. 30. Il n'y a pas de glacis.

Les communications avec l'extérieur ont lieu au moyen de cinq portes percées au centre des courtines, protégées par des demi-lunes. Le passage à travers le rempart se fait sous une voûte et se ferme par des portes en bois, très massives et susceptibles d'offrir une sérieuse résistance. On franchit les fossés du corps de place sur des ponts dormants en maçonnerie et joignant entièrement les courtines. Il n'y a donc pas de pont-levis. Ces ponts dormants aboutissent au milieu de la gorge des demi-lunes. Le chemin continue peu de temps sur le terre plein, change de direction à droite et sort de ces ouvrages par des passages à ciel ouvert ménagés dans les faces de droite et près de la gorge.

Ces passages sont fermés par des portes en bois actuellement en très mauvais état. On franchit les fossés des demi-lunes, comme ceux du corps de place sur des ponts dormants en maçonnerie sans pont-levis.

Il n'y a pas de batteries proprement dites ; l'armement consiste en pièces lisses de tous calibres, depuis le plus petit jusqu'au calibre d'environ 12 centimètres. Il existe une pièce au saillant de chaque demi-lune, une au saillant de chaque bastion et enfin une sur chaque flanc, près de l'angle d'épaule. Toutes ces pièces sont placées en barbette et abritées par une petite construction en briques couverte en tuiles.

Les troupes de la province se composent de... (1) régiments de milice. L'organisation de chaque corps comporte dix compagnies de 50 hommes, soit un effectif total de 500 hommes pour le régiment. L'effectif entretenu actuellement ne dépasse pas 350 hommes.

Le recrutement se fait à peu près comme en Cochinchine. Chaque village fournit un homme sur sept inscrits. Le gouvernement de la province fournit et paye mensuellement à chaque homme entretenu une mesure de riz (environ un demi picul) et une ligature.

Il y a actuellement deux régiments au service du Gouverneur de Son-Tây, un certain nombre d'hommes détachés dans les Phus et le reste, 1.000 hommes environ, forme la garnison de la ville et habite la Citadelle. Ceux qui ont été levés dans la ville ou dans les environs, mais dans un rayon assez restreint, sont autorisés à avoir avec eux leurs femmes et leurs enfants.

L'armement consiste en un mauvais fusil du système à silex, pour le cinquième de l'effectif, et en une lance et un bouclier pour le reste.

---

(1) Les mots remplacés par des... se trouvaient à la fin d'une ligne et ont été coupés.

La lance est formée d'une lame de fer de 30 centimètres de long, affilée en forme de lame de couteau, et terminée à la partie supérieure par une douille qui sert à la fixer au bout d'un bambou d'une longueur d'environ 3 mètres.

Les miliciens sont soumis à des exercices qui ont une certaine analogie avec les mouvements de l'escrime à la baïonnette.

Le recrutement et l'administration sont dans les attributions d'un mandarin qui prend le titre de Quan-bô : l'instruction ou le commandement dans celles d'un général ou Lang-binh. Un autre mandarin qui prend le titre de Dê-dôc et qui réside également à Hanoi a le commandement général des milices des deux provinces.

Il va sans dire qu'il n'y a ni cavalerie, ni artillerie.

Par rapport à la Citadelle, l'assiette du centre populeux est restreinte au Nord, elle se développe à l'Est et au Sud-Est où elle envahit tout le terrain compris entre la Citadelle et le Fleuve Rouge ; elle diminue sensiblement au Sud et se réduit à l'Ouest à quelques cases éparses sans liaison entre elles et situées généralement au milieu de bouquets d'arbres.

Les rues se coupent à angle droit. Les unes suivent une direction à peu près parallèle au cours du fleuve, c'est-à-dire Nord et Sud, les autres une direction perpendiculaire.

Près du fleuve on compte environ·deux maisons construites en briques et couvertes en tuiles pour une construite en torchis et couverte en paille. En se rapprochant de la Citadelle, cette proportion tend à se .... Toutes les maisons ne comportent qu'un rez-de-chaussée sans étage.

Le centre populeux est évalué par les uns à..... âmes et par les autres à 100.000. Le premier de ces chiffres paraît plus près de la vérité.

La population en général est timide ; notre installation à Hanoi ne semble pas avoir éveillé chez elle autre chose qu'un sentiment de curiosité et d'étonnement.

Il existe dans la ville un nombre assez considérable de lettrés ; ils appartiennent à un parti qui, dans les commencements de notre arrivée au Tonkin, nous a été notoirement très hostile. Les sentiments de ces gens-là n'auraient, dit-on, pas changé, mais c'est une appréciation qui ne repose que sur des on-dit.

La ville a été mise à l'abri des inondations par la construction de digues en terre, ouvrages considérables et d'une élévation supérieure au niveau des plus grandes crues du fleuve. La hauteur de ces ouvrages varie entre 5 et 8 mètres, suivant les dépressions du terrain qu'ils traversent.

Le premier, le plus important de tous, prend naissance en amont de la ville, à une distance qui n'a pu être précisée. Il suit les sinuosités du cours d'eau en laissant entre la rive droite et l'ouvrage lui-même, une bande de terre qui varie entre 200 et 400 mètres. Cette disposition semble avoir été adoptée pour faciliter l'écoulement de la masse des eaux quand les crues se produisent, d'en diminuer la hauteur et de supprimer, autant que possible, les chances de rupture.

En descendant, à 6 kilomètres environ en amont de Hanoi, on voit une deuxième digue se détacher de la droite, comme une ramification de la première, et décrire une courbe de façon à envelopper la ville et la banlieue dans un rayon qui varie entre 3 et 6 kilomètres.

Enfin, près des premières maisons de la ville, se détache sur la droite une ouvrage semblable au précédent et dont la courbe ne s'éloigne pas sensiblement du périmètre du centre populeux. Au Sud-Ouest, l'ouvrage enveloppé vient par un dernier trajet en ligne droite se réunir à l'ouvrage enveloppant, qui vient lui-même rejoindre celui qui suit la rive

du cours d'eau à environ 3 kilomètres en aval de Hanoi.
Tout le terrain enveloppé par l'ouvrage extérieur est couvert
de lacs, de mares et de flaques d'eau.

Il a été dit que la digue qui suit le cours d'eau avait été
construite de façon à laisser entre la rive et l'ouvrage une
bande de terre de 200 à 400 mètres. A hauteur de la ville
cette disposition n'a pas pu être maintenue à cause de la
nécessité de préserver les maisons qui, de ce côté, occupent
tout le terrain compris entre la Citadelle et le fleuve, mais
dès que l'assiette le permet, la disposition primitive reparaît,
et on retrouve la bande de terre déjà mentionnée avec sa
largeur habituelle.

C'est sur cette bande de terre, au Sud-Est de la ville, et
attenant aux dernières maisons, que se trouve l'emplacement
que l'on est convenu d'appeler le Fort du Sud, mais qui ne
ressemble que de loin à l'idée qu'éveille naturellement dans
l'esprit le nom de Fort.

C'est un ouvrage rectangulaire de 450 mètres de long sur
350 de large.

Il est limité :

Au Nord, par une digue en forme de chaussée conduisant
au fleuve, et bordée de mauvaise cases en bambous habitées
par une population qui semble fort malheureuse.

A l'Est, par le fleuve dont la rive est surmontée d'un
parapet dégradé, sans importance, qu'en maints endroits un
cavalier peut franchir sans être obligé de mettre pied à terre.
Ce parapet forme une ligne brisée se rapprochant de la cré-
maillère, mais que l'on ne peut réellement rattacher à aucun système de fortification connu.

Au Sud, par une digue en forme de parapet sans ban-
quette.

Enfin à l'Ouest, par la grande digue de protection contre
les inondations.

D'après ce que l'on affirme, le terre-plein tel qu'il existe actuellement ne serait pas à l'abri des inondations. Cette assertion trouverait au besoin sa justification dans la rupture qui existe dans la digue du Sud, au point où elle se raccorde avec celle de l'Ouest, rupture qui remonte à l'époque de la dernière crue.

En amont, la largeur du fleuve est d'environ 1.100 mètres mais arrivé au fort le lit s'élargit, le cours d'eau se divise en deux bras d'inégale importance qui se réunissent à environ 5 kilomètres en aval, formant ainsi une île dont la plus grande largeur est d'environ 1.500 mètres.

A l'Est, il y a le fleuve, par suite sécurité complète. On peut affirmer avec une certitude presque absolue qu'une attaque ne se produira jamais de ce côté. On pourrait ajouter, s'il en était besoin, que la présence d'une canonnière à Hanoi, où on pourra presque toujours mouiller dans le petit bras du fleuve, en face de la Concession, et exceptionnellement seulement pendant la saison des pleines eaux, où elle pourra le faire à quelques centaines de mètres au-dessus, mais toujours en vue de l'établissement, suffirait à éloigner toute tentative.

Au Sud, le parapet et à l'Ouest la digue qui limitent la Concession de ces deux côtés sont des obstacles dont on ne saurait méconnaître l'importance si l'on considère surtout que le terrain extérieur sur une très grande étendue, est coupé, marécageux, couvert de mares et de flaques d'eau. Il est bon de dire cependant en ce qui regarde particulièrement le côté Ouest, celui qui est protégé par la grande digue, que les mares qui baignent le pied de cet ouvrage à l'extérieur seraient pour les défenseurs qui voudraient le couronner, un obstacle aussi sérieux que celles qui sont de l'autre côté, pour les assaillants qui voudraient l'aborder.

La digue qui limite au Nord le terrain concédé est, par
son élévation qui lui permet de dominer tout le terre-plein
et sa destination comme voie publique, non pas un élément
de force et de sécurité pour les défenseurs, mais bien au
contraire une cause d'affaiblissement et d'appréhension.

Le périmètre du fort est trop étendu, son développement,
1.600 mètres au moins, est beaucoup trop considérable pour
être défendu sérieusement avec les faibles détachements que,
conformément aux traités existants, le Gouvernement français est destiné à entretenir au Tonkin. La surveillance même
d'une pareille ligne ne pourrait se faire utilement avec les
faibles moyens dont on disposera.

Il ne faut donc pas chercher à trouver dans l'enceinte
actuelle toutes les garanties de résistance et de sécurité
contre les entreprises qui pourraient être tentées par un ennemi extérieur. C'est plus spécialement dans la construction des
établissements définitifs que l'on peut trouver ces garanties.

La construction d'une caserne à étage avec galerie autour
est une idée très heureuse que l'on ne saurait trop approuver à
tous les points de vue et particulièrement au point de vue
de la défense. Ce sera, au besoin, une espèce de blockaus
d'où l'on pourra défier toute agression.

La première moitié de l'île formée par le bras du fleuve
est sablonneuse, sans cultures et sans habitants. Elle peut
être utilisée comme champ de tir sans travaux d'appropriation
et sans qu'il y ait à craindre de réclamations de la part des
indigènes qui n'habitent que la partie Sud. On pourrait supprimer toute chance d'accident et éviter tout motif de plainte
en ne tirant pas aux distances supérieures à 500 mètres, ce
qui peut paraître insuffisant en présence de la portée des
armes actuelles, mais en France même, combien de champs
de tir qui n'ont pas une étendue plus considérable.

Les terrains qui avoisinent le fort sont variés et propres à exercer les troupes à toutes les petites opérations de la guerre.

Le site a un aspect élevé, découvert, bien éclairé. Il est exposé aux vents régnants et quand on y arrive, en sortant du Camp des Lettrés, on éprouve un véritable sentiment de soulagement et de satisfaction. Il est vrai de dire qu'il est entouré de marécages, mais à Hanoi, et dans un rayon de plusieurs lieues, où ne retrouverait-on pas cet inconvénient au même degré ?... Si l'eau des mares est noirâtre et chargée de matières en dissolution, aucune émanation ne se fait sentir.

Au demeurant, en forme de conclusion, on trouvera dans la Concession française une sécurité relative, dans les terrains environnants tous les éléments nécessaires à l'instruction de la troupe et il y a lieu de penser que les conditions de salubrité seront bonnes.

La Concession est destinée à recevoir des établissements particuliers qui en feront un lieu absolument public (*sic*). Il y aura une foule de personnes étrangères au service de l'état : habitants, gens de service, travailleurs, curieux, etc. Par suite il y aurait lieu d'examiner s'il ne serait pas bon d'isoler les établissements du gouvernement par un mur de clôture.

Enfin, en se plaçant au point de vue des dangers que peut créer un incendie, il y aurait lieu d'examiner également s'il ne serait pas nécessaire d'imposer aux concessionnaires certaines conditions pour la construction de leurs maisons d'habitation, magasins, etc. afin de proscrire sinon complètement, au moins de réduire autant que possible les constructions en bambous avec murs en torchis et couverture en paille.

Hanoi, le 10 novembre 1875.

Le chef de bataillon
Commandant supérieur au Tonkin,
Chapotot.

XX. — Extrait d'une lettre de M. de Kergaradec, Consul de France à Hanoi, à l'amiral Duperré,
Gouverneur de la Cochinchine, le 23 octobre 1876
(1).

Amiral,

J'ai l'honneur de vous rendre compte que le Camp des
Lettrés a été remis aux autorités annamites le quinze de ce
mois, c'est-à-dire vingt-quatre heures avant la fin du huitième
mois chinois, avec lequel expirait le délai convenu l'année
dernière, à pareille époque, avec les autorités de la province.
J'ai pris soin de faire remarquer aux mandarins que l'exactitude scrupuleuse avec laquelle étaient tenus nos engagements n'avait pas laissé que de coûter au Gouvernement
français quelques sacrifices, et que ce n'était pas sans difficultés que des constructions aussi importantes avaient pu être
terminées en si peu de temps ; ils se sont montrés d'autant
plus satisfaits, que jusqu'à la fin ils n'avaient pu s'empêcher
de manifester leur inquiétude au sujet des examens qui vont
réunir ce mois-ci à Hanoi cinq ou six mille lettrés, examens
pour lesquels les bâtiments que nous occupions leur sont indispensables.

Les maisons de la Concession, sur laquelle nous sommes
aujourd'hui définitivement installés, sont d'un bél effet ; et
on s'étonne qu'elles aient pu être achevées en moins d'un
an, quand on pense surtout que M. Dupommier n'avait à
sa disposition que des ouvriers tonkinois n'ayant jamais vu
de maison européenne. Bien des détails sont encore jusqu'ici
restés incomplets, comme on devait s'y attendre, mais les
installations sont bonnes, et particulièrement celles de la
troupe.

____

(1) Archives centrales de l'Indochine, Amiraux 12996.

NOTICE DES PLANCHES

Planche I

« Temple de l'esprit du roi, à Hà-nôi (où demeurait M. Francis Garnier) ».

Cliché de l'Ecole française d'Extrême-Orient reproduisant une gravure illustrant l'article de F. Romanet du Caillaud, La conquête du delta du Tong-King, (Le Tour du
Monde, année 1877, 2ᵉ semestre, page 296). Légende :
« Temple de l'esprit du roi, à Hà-nôi (où demeurait M.
Francis Garnier). — Dessin de H. Clerget, d'après un croquis de M. P. *** ». Dimensions : 160 × 120 millimètres.

Cette gravure présente surtout l'intérêt d'avoir été exécutée
d'après le croquis d'un des membres de l'expédition Garnier,
probablement l'aspirant Perrin. Mais on aura une idée plus
juste de la magnifique pagode qu'était le Kinh-Thiên en se
reportant à la vue qu'en donne le docteur Hocquard, Une
campagne au Tonkin, 1892, p. 55, et qui semble avoir été
gravée d'après une photographie.

Planche II

Un aspect caractéristique du Petit Lac en 1884,
près du bâtiment actuel de la Philharmonique.

Reproduction d'après une épreuve appartenant à la Bibliothèque centrale de l'Indochine, de la photographie prise en 1884 par le docteur Hocquard et publiée par Cremnitz.

Le docteur Hocquard, désigné en janvier 1884 pour accompagner, comme médecin des ambulances, les troupes envoyées au Tonkin sous les ordres du général Millot, a réuni pendant son séjour au Tonkin et en Annam, de février 1884 à février 1886, une précieuse collection de 200 photographies, qui fut éditée en album par Cremnitz, après son retour en France. Il n'en existe, à notre connaissance, en Indochine, que deux collections incomplètes, l'une de 104 photographies, à l'Ecole française d'Extrême-Orient, l'autre de 29 photographies, à la Bibliothèque centrale de l'Indochine. C'est d'après ces photographies qu'ont été gravées les illustrations des souvenirs du docteur Hocquard, publiés en 1892 chez Hachette sous le titre « Une campagne au Tonkin ».

Cette photographie est prise de la passerelle conduisant à l'île de Jade (voir planche XXXVII). La pagode située au premier plan à droite existe encore aujourd'hui. Sur le bord du lac, on distingue un détachement de tirailleurs tonkinois, qui étaient casernés, en 1884, dans les bâtiments voisins.

Planche III

La première Résidence de France à Hanoi, rue du Chanvre, en 1884.

Reproduction, d'après une épreuve appartenant à la Bibliothèque centrale de l'Indochine, de la photographie prise en 1884 par le docteur Hocquard et publiée par Cremnitz. Dimensions de la photographie : 240 × 175 millimètres.

Les bureaux de la Résidence occupaient la maison que l'on voit au premier plan, à droite, précédée de deux mâts.

Sur le mur est fixé un écusson ovale : « Résidence de France, Hanoi ». La rue est barrée au fond par une porte de quartier. La petite pagode dont on distingue à gauche le portique d'entrée, devant des feuillages, existe encore de nos jours.

D'après les renseignements que nous a aimablement fournis M. Piglowski, les Français qui figurent sur cette photographie sont, de droite à gauche : au pied d'un des mâts, le docteur Hocquard (en drap, tenant un parapluie à la main) ; le résident Bonnal (pantalon de toile et veston de drap) ; le chancelier Aumoitte (en toile) ; M. Perez de Castera (en toile, une canne à la main), M. Piglowski (en toile).

Planche IV

Attaque de la porte Sud-Est de la Citadelle, le 20 novembre 1873.

Cliché de l'Ecole française d'Extrême-Orient reproduisant une gravure illustrant l'article de F. Romanet du Caillaud, La conquête du delta du Tong-King, (Le Tour du Monde, année 1877, 2ᵉ semestre, p. 295). Légende : « Redan de la citadelle de Hà-nôi. — Dessin de A. Ferdinandus, d'après un croquis de M. P *** ». Dimensions : 160 × 80 millimètres.

Cette gravure, d'une exécution un peu sommaire, représente cependant avec assez d'exactitude l'attaque de la porte Sud-Est, telle que la décrit le rapport militaire de Francis Garnier : Pendant que des tirailleurs déciment les défenseurs du rempart, l'enseigne de vaisseau Esmez fait prendre position à son artillerie sur le pont du fossé, afin d'ouvrir une brèche dans la porte.

Planche V

Plan du Camp des Lettrés en 1875.

Photographie du plan original, conservé aux Archives centrales de l'Indochine, Amiraux 13524. Ce plan est joint à une lettre en date du 13 septembre 1875, adressée par le commandant Chapotot à l'amiral Duperré, Gouverneur de la Cochinchine. Dimensions du plan : 320 × 215 millimètres.

A droite, l'enceinte des candidats, entièrement vide sauf le pavillon central du *Thap-Dao*, communiquant avec le dehors par neuf portes et par une porte avec l'enceinte des examinateurs.

Sur la partie gauche du plan, on lit les affectations données en 1875 aux divers bâtiments de l'enceinte des examinateurs, pour y loger le Résident politique et son escorte militaire.

Planche VI

Francis Garnier.

Reproduction du frontispice de : F. Garnier, voyage d'exploration en Indochine, Paris, Hachette, 1885. Ce portrait a été dessiné par Léon Olivier et gravé par H. Thiriat. Dimensions 130 × 100 millimètres.

Planche VII

Porte Nord de la Citadelle, photographiée en 1884.

Cliché de l'Ecole française d'Extrême-Orient reproduisant une photographie prise par le docteur Hocquard en 1884 et publiée par Cremnitz. Dimensions de la photographie : 230 × 170 millimètres.

Le boulevard Carnot passe aujourd'hui sur l'emplacement de l'ancien fossé plein d'eau que l'on voit au premier plan de la photographie. La porte proprement dite existe encore aujourd'hui, mais le mirador qui la surmontait a été défiguré par des travaux d'aménagement.

Planche VIII

Plan de la Citadelle de Hanoi en 1888.

Cliché de l'Ecole française d'Extrême-Orient reproduisant un plan en date du 2 juillet 1888, dont une copie est conservée à la Bibliothèque de l'Ecole (A. 1. 4. 9.). Dimensions : 360 × 360 millimètres.

Ce plan permet d'étudier le tracé des remparts de la Citadelle : les faces Ouest, Nord et Est comprennent une *porte* centrale, protégée par une *demi-lune* et flanquée de deux *bastions* reliés par des *courtines* aux *lunettes* d'angle. Dans la face Sud, la porte centrale est remplacée par une courtine et deux portes latérales sont percées entre les bastions et les lunettes d'angle.

On sait que le *front bastionné*, employé en Europe dès le XVIe siècle et perfectionné par Vauban, a été introduit en Indochine à la fin du XVIIIe siècle par les compagnons de l'évêque d'Adran.

Planche IX

Remparts de la Citadelle.

Cliché de l'Ecole française d'Extrême-Orient (juillet 1928).

Un bastion se compose de deux faces et de deux flancs. La photographie est prise devant l'angle formé par la rencontre de la face et du flanc Nord-Ouest du bastion situé entre la porte Ouest et la lunette Sud-Ouest de la Citadelle. Ce bastion, dernier vestige des remparts, est désigné par la lettre A sur le plan des monuments disparus et des monuments conservés de Hanoi (planche XL). Il est actuellement englobé dans les bâtiments de la Poudrière.

Planche X

Remparts de la Citadelle; *au premier plan, l'ancien fossé comblé.*

Cliché de l'Ecole française d'Extrême-Orient (juillet 1928). Face Nord-Ouest du bastion.

Planche XI

L' « Entrée réservée » de la Pagode Royale : *état ancien de la face Sud.*

Cliché de l'Ecole française d'Extrême-Orient reproduisant un dessin exécuté en 1888 et conservé à la Bibliothèque de l'Ecole française d'Extrême-Orient (A. 1. 4. 9, n° 4.). Dimensions : 630 × 185 millimètres. Nous donnons seulement l'élévation de l'Entrée réservée, mais la Bibliothèque de l'Ecole française possède également le détail des moulures, la coupe et le plan de ce monument, ainsi que les plans du Han-Lan et le relevé des escaliers.

Planche XII

L'« Entrée réservée » de la Pagode Royale : *état actuel de la face Nord*.

Cliché de l'Ecole française d'Extrême-Orient (juillet 1928).

Planche XIII

Escalier donnant accès à la terrasse du Kinh-Thiên.

Cliché de l'Ecole française d'Extrême-Orient (juillet 1928).

Planche XIV

Détail de l'escalier du Kinh-Thiên.

Cliché de l'Ecole française d'Extrême-Orient (juillet 1928).

Le dragon que l'on voit au premier plan offre beaucoup d'analogie avec ceux des escaliers du Tombeau de Gia-Long à Hué. Au second plan, remarquer le motif sculpté en demi-relief sur la joue de la rampe latérale. M. Inguimberty a relevé un motif identique à Lam-son, délégation de Bai-Thuong, province de Thanh-Hoa, (Nord-Annam).

Planche XV

Porte Ouest de l'enceinte de la Pagode Royale.

Cliché de l'Ecole française d'Extrême-Orient (juillet 1928).

Planche XVI

Le Mirador.

Cliché du Gouvernement général.

Situé dans l'axe de la Pagode royale, le Mirador constituait le « cavalier » de la Citadelle. Il se compose de trois terrasses rectangulaires décroissantes surmontées d'une tour octogonale, à l'intérieur de laquelle existe un escalier à double vis, tournant l'une dans l'autre sans se rencontrer. Cette curieuse disposition, qui rappelle celle de Pierrefonds et de Chambord, se remarque également dans d'autres citadelles de l'Indochine, notamment Son-Tay.

Planches XVII et XVIII

En bas : Plan de la Concession française de Hanoi en 1875. — *En haut :* Le même terrain photographié par avion en 1926.

Reproduction du plan joint à la convention du 31 août 1875, délimitant la Concession de Hanoi et agrandissement à la même échelle de la photographie du même terrain prise en avion un demi-siècle plus tard. On remarquera que des mares s'étendaient de part et d'autre de l'ancienne enceinte de la ville, actuellement boulevard Bobillot.

Sur la photographie du service Aéronautique, on distingue en haut les bâtiments en T de l'Université, de part et d'autre du pavillon central alors en construction ; à droite le théâtre ; à gauche le monument de l'ancien cimetière, un peu au-dessus du disque blanc du Château d'eau. — La rue du Maréchal-Galliéni et la rue Laubarède disparaissent presque entièrement sous le feuillage des arbres.

Planche XIX

La Concession en 1877. (*De gauche à droite : Caserne — Logements du Capitaine du génie, du Commandant supérieur, des officiers — Hôtel du Consul — Chancellerie*).

Cliché de l'Ecole française d'Extrême-Orient reproduisant une gravure de A. Deroy dans l'Illustration, d'après la reproduction qu'en donne E. Millot, l'expédition Dupuis du Fleuve Rouge, (Les Annales d'Extrême-Orient, 1880-1881, p. 208). Dimensions : 310 × 46 millimètres.

Planche XX

Façade latérale de l'ancien hôtel du Consul.

Cliché de l'Ecole française d'Extrême-Orient, exécuté à l'époque où ce bâtiment était utilisé par le Musée de l'Ecole.

Planche XXI

Henri Rivière.

Cliché de l'Ecole française d'Extrême-Orient, reproduisant une gravure illustrant l'ouvrage de Lehautcourt, les expéditions françaises au Tonkin, Paris, 1888, tome I, p. 145. — Dimensions, 95 × 85 millimètres.

Planche XXII

Le premier bâtiment de la Mission, construit en 1876, assiégé en 1883 par les Pavillons noirs.

Cliché de l'Ecole française d'Extrême-Orient (exécuté en janvier 1929 sous la direction de M. Chavanieux).

Façade occidentale. C'est des fenêtres du premier étage de ce bâtiment que tirèrent les matelots de la Fanfare sur les Pavillons noirs, dans la nuit du 15 au 16 mai 1883. — La chambre où mourut Mgr Puginier le 25 avril 1892 est située dans l'aile sud de ce bâtiment, c'est-à-dire à droite de la photographie.

Planche XXIII

La cathédrale de Hanoi, construite de 1884 à 1887.

Cliché de l'Ecole française d'Extrême-Orient (exécuté en janvier 1929 sous la direction de M. Chavanieux).

Façade méridionale. (Le chœur de la cathédrale est tourné vers l'Ouest).

Planche XXIV

Porte de la rue Jean-Dupuis.

Cliché du Gouvernement général.

Planche XXV

Porte de la rue des Cantonnais.

Reproduction d'une gravure illustrant l'ouvrage du docteur Hocquard, Une campagne au Tonkin, Paris, Hachette, 1892, p. 41. Légende : « Porte de la rue de Canton ». Dimensions, 185 × 160 millimètres.

Planche XXVI

Aspect ancien de la rue Jean-Dupuis.

Cliché de l'Ecole française d'Extrême-Orient reproduisant une gravure de A. Deroy dans l'Illustration, d'après la reproduction qu'en donne E. Millot, L'expédition Dupuis du Fleuve Rouge, (les Annales d'Extrême-Orient, 1880-1881, p. 216). — Dimensions, 218 × 146 millimètres.

Au premier plan, petite porte de quartier en bois, simple palissade surmontée d'une loggia pour le veilleur. Tout au fond, silhouette de la grande porte en briques qui existe encore aujourd'hui.

Planche XXVII

Cortège d'un mandarin passant dans une rue de Hanoi.

Reproduction d'une gravure illustrant l'article de Romanet du Caillaud, La conquête du Delta du Tong-King, (Le Tour du Monde, 1877, II, p. 297). Légende : « Rue de Hà-nôi et cortège d'un grand mandarin. — Dessin de A. Ferdinandus.

d'après un croquis de M. P *** ». Dimensions, 238/160 millimètres.

Il est intéressant de faire le rapprochement entre cette gravure et la description de Labarthe, que nous reproduisons page 139.

Planche XXVIII

La première Résidence de France à Hanoï : l'ancien salon de M. Bonnal.

Cliché de l'Ecole française d'Extrême-Orient (exécuté en janvier 1929 sous la direction de M. Chavanieux).

L'emplacement exact de l'ancienne résidence de la rue du Chanvre figure sur le plan de M. de Montalembert reproduit ci-dessous, planche XXXIX.

Planche XXIX

La première Résidence de France à Hanoi : Détail de la charpente.

Cliché de l'Ecole française d'Extrême-Orient (exécuté en janvier 1929 sous la direction de M. Chavanieux).

Cette magnifique charpente recouvre la partie de l'ancien salon de la Résidence que l'absence de recul n'a pas permis de reproduire sur la photographie précédente.

Planche XXX

La Porte de France. *Au premier plan, la rue des Incrusteurs ; au fond, la Concession.*

Cliché de l'Ecole française d'Extrême-Orient reproduisant une gravure illustrant Les Colonies françaises, notices illus-

trées. Tonkin. — Paris, Quantin, 1889, p. 99. Légende :
« Hanoi. — La porte de France ». Dimensions 80 × 50
millimètres.

Planche XXXI

Le cimetière de la Concession en 1884.

Reproduction d'une gravure illustrant l'ouvrage de Paul
Bonnetain, l'Extrême-Orient, Paris, Quantin, s.-d., p. 307.
Légende : « Le cimetière d'Hanoi ». Dimensions : 135 ×
105 millimètres.

Le cimetière, enclos d'un mur de briques, était devenu
insuffisant dès 1884 : on remarque des croix de bois entre
le mur extérieur et les feuillages du premier plan.

Planche XXXII

Le blockhaus Nord en 1884.

Cliché de l'Ecole française d'Extrême-Orient reproduisant
une photographie prise par le docteur Hocquard en 1884 et
publiée par Cremnitz. Dimensions de la photographie : 200
× 160 millimètres.

Le blockhaus Nord fut construit de juin à août 1883 à l'extrémité de la rue qui porte actuellement ce nom, au point
de rencontre de la digue du Grand Lac et de celle qui
sépare le Grand Lac du Lac de Truc-Bach, sur l'emplacement de l'ancienne Porte de Yên-Phu.

Planche XXXIII

Le blockhaus de la Rive gauche en 1884.

Cliché de l'Ecole française d'Extrême-Orient reproduisant une photographie prise par le docteur Hocquard en 1884 et publiée par Cremnitz. Dimensions de la photographie : 230 × 160 millimètres.

La construction de ce blockhaus (septembre-octobre 1883) fut particulièrement difficile. Les travaux étaient exécutés pendant le jour par des indigènes surveillés par quelques soldats d'infanterie de marine, qui chaque soir repassaient le fleuve et rentraient à Hanoi. Dans la nuit du 13 au 14 septembre, les Pavillons noirs en profitèrent pour disperser les matériaux et détruire ce qui avait été élevé. Il fallut installer une compagnie d'infanterie nuit et jour, constamment menacée par l'ennemi.

Planche XXXIV

Reconstitution de l'ensemble de la Pagode des Supplices.

Cliché de l'Ecole française d'Extrême-Orient reproduisant une aquarelle du musée de l'Ecole, exécutée *de mémoire* par un Annamite et conservée au musée de l'Ecole (D. 19. 1.)

Ce précieux document permet de se rendre compte de la situation de la Pagode des Supplices par rapport au petit pavillon (voir pl. XXXVI) qui existe encore boulevard Francis-Garnier. La Pagode était entourée d'une enceinte octogonale et on y accédait après avoir suivi une allée partant du Petit Lac, par l'entrée monumentale reproduite à la planche suivante.

Planche XXXV

Entrée de la Pagode des Supplices en 1884.

Cliché de l'Ecole française d'Extrême-Orient reproduisant une photographie prise par le docteur Hocquard en 1884 et publiée par Cremnitz. Dimensions de la photographie : 160 × 105 millimètres.

Au premier plan, pont en dos d'âne au-dessus d'un fossé plein d'eau.

Planche XXXVI

Le *Hoa-phong-Thap*, dernier vestige de la Pagode des Supplices.

Reproduction d'une gravure illustrant l'ouvrage du docteur Hocquard, Une campagne au Tonkin, Paris, Hachette, 1892, p. 181. Légende : « Le matin sur le Petit Lac ». Dimensions : 190 × 130 millimètres.

Au premier plan à droite, le Hoa-phong-Thap, tel qu'il existe aujourd'hui, sauf le mur à l'extrémité (que l'on remarque également sur la pl. XXXIV). Au milieu de la gravure, le Pagodon de l'Ile de la Tortue. Au fond, la rive occidentale du Petit Lac.

Le chemin qui longeait la rive orientale du Lac, devenu aujourd'hui le boulevard Francis-Garnier n'était alors qu'un étroit sentier entre le lac, d'un côté, et des mares, de l'autre (voir pl. XXXIX).

Planche XXXVII

La passerelle de l'Ile de Jade.

Cliché de l'Ecole française d'Extrême-Orient reproduisant une photographie prise par le docteur Hocquard en 1884 et publiée par Cremnitz. Dimensions de la photographie : 215 × 165 millimètres.

Cette fragile passerelle et la porte d'entrée ont été remplacées par un pont plus robuste et un portique richement orné. La silhouette des toitures de la pagode dans l'île est restée la même et l'arbre qui surplombe le lac à droite existe toujours, mais sa branche principale a été coupée.

Planche XXXVIII

Premier projet de délimitation de Hanoi en tant que port ouvert au Commerce. *Le pointillé correspond au Dai-la-Thanh, ou enceinte extérieure de Hanoi; la ligne noire englobe la ville marchande et le quartier où ont été créés les premiers établissements français.*

Reproduction d'un plan conservé aux Archives centrales de l'Indochine, Amiraux 13039.

Au-dessus du plan, on lit : « Annexe à la lettre du 30 juillet 1880 », lettre écrite par le consul de Kergaradec au Gouverneur Le Myre de Vilers. Le plan est signé par A. Aumoitte, chancelier du consulat de Hanoi et principal collaborateur de M. de Kergaradec. Aumoitte avait été attaché à la Bibliothèque nationale pendant huit ans avant de venir au Tonkin. Il devint plus tard résident.

Planche XXXIX

L'évolution de Hanoi en un demi-siècle. *Sur l'emplacement des étangs et des rizières s'élèvent aujourd'hui la Résidence supérieure, la Banque de l'Indochine, la Mairie, le Trésor, les Postes, l'Usine d'Electricité, etc.*

Réduction d'un plan conservé à la Bibliothèque de l'Ecole française d'Extrême-Orient (A 2. 3. 25) d'après un calque exécuté par le service Géographique de l'Indochine. Ce plan, levé en 1884 par M. de Montalembert, géomètre, est le document le plus exact que l'on possède sur la topographie ancienne de Hanoi. Malheureusement une seule des six feuilles dont il devait se composer a été conservée.

Remarquer : le tracé de la digue d'enceinte de la ville, qui suivait la direction générale du Boulevard Amiral Courbet, mais avec des ressauts — dans le bas du plan, la Pagode des Supplices — dans le haut à gauche, la Résidence de la rue du Chanvre.

Planche XL

L'évolution de Hanoi en un demi-siècle. *Schéma de Hanoi en 1876, tracé sur un plan photographié par avion en 1926.*

Cette photographie du service aéronautique de l'Indochine met en valeur le contraste entre les rues tortueuses de la ville indigène et le damier régulier des avenues de la ville française.

La ville française qui a pris naissance dans la Concession
à l'extrémité Sud-Est de Hanoi, s'est régulièrement déve-
loppée *vers l'Ouest*, d'abord entre la Concession et le Petit
Lac, puis le long des avenues parallèles ou perpendiculaires
à la rue Paul-Bert et à la rue Borgnis-Desbordes, enfin de
nos jours entre l'avenue Puginier et la rue Duvillier (prolongement des rues Paul-Bert et Borgnis-Desbordes).

Sur ce plan d'ensemble ont été reportés en chiffres arabes
les principaux monuments conservés et en capitales romaines
les principaux monuments disparus.

Comparer avec les plans de détail de la Citadelle (pl. VIII)
de la Concession (pl. XVII et XVIII) du quartier du Petit
Lac (pl. XXXIX) et du Camp des Lettrés (pl. V).

HANOI

pendant la période héroïque

1873-1888

∎

PLANCHES

Coll. E. F. E. O.

« Temple de l'esprit du roi, à Hà-nôi (où demeurait M. Francis-Garnier) ».

Pl. I

Un aspect caractéristique du Petit Lac en 1884 (près du bâtiment actuel
de la Philharmonique).

PL. II

La première Résidence de France à Hanoi, rue du Chanvre, en 1884.

Pl. III

Coll. E. F. E. O.

Attaque de la porte Sud-Est de la Citadelle le 20 novembre 1873.

Pl. IV

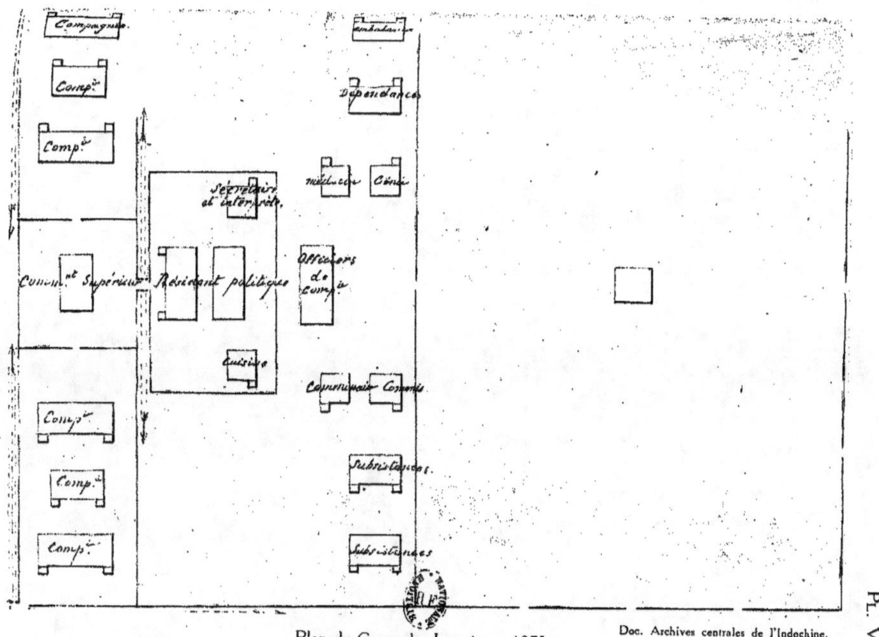

Plan du Camp des Lettrés en 1875.

Doc. Archives centrales de l'Indochine.

Francis Garnier.

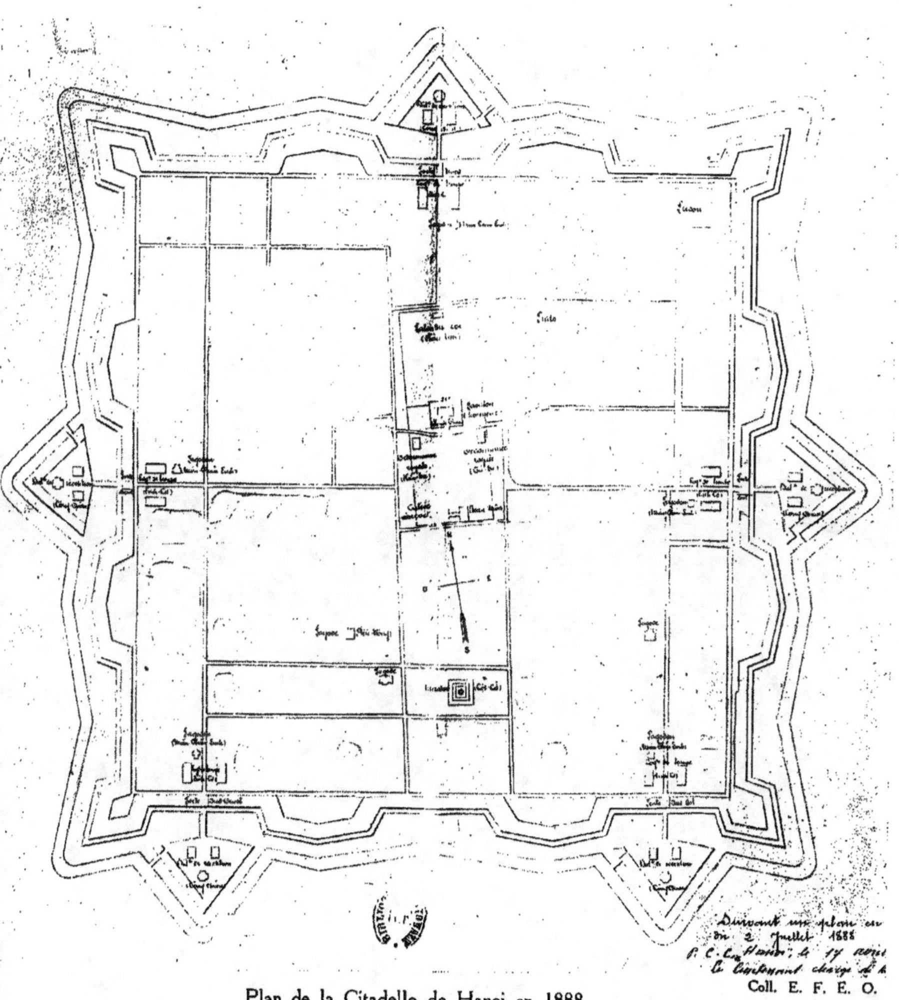

Plan de la Citadelle de Hanoi en 1888.

Coll. E. F. E. O.

Remparts de la Citadelle.

Remparts de la Citadelle ; au premier plan, l'ancien fossé comblé.

Photo E. F. E. O.

L' « Entrée réservée » de la Pagode Royale : état ancien de la face Sud

L' « Entrée réservée » de la Pagode Royale : état actuel de la face Nord.

Photo E. F. E. O.

Escalier donnant accès à la terrasse du Kinh-Thiên.

Photo E. F. E. O.

PL. XIII

Détail de l'escalier du Kinh-Thiên.

Photo E. F. E. O.

PL. XIV

Photo E. F. E. O.

Porte Ouest de l'enceinte de la Pagode Royale.

Photo Gouvernement général.

Le Mirador.

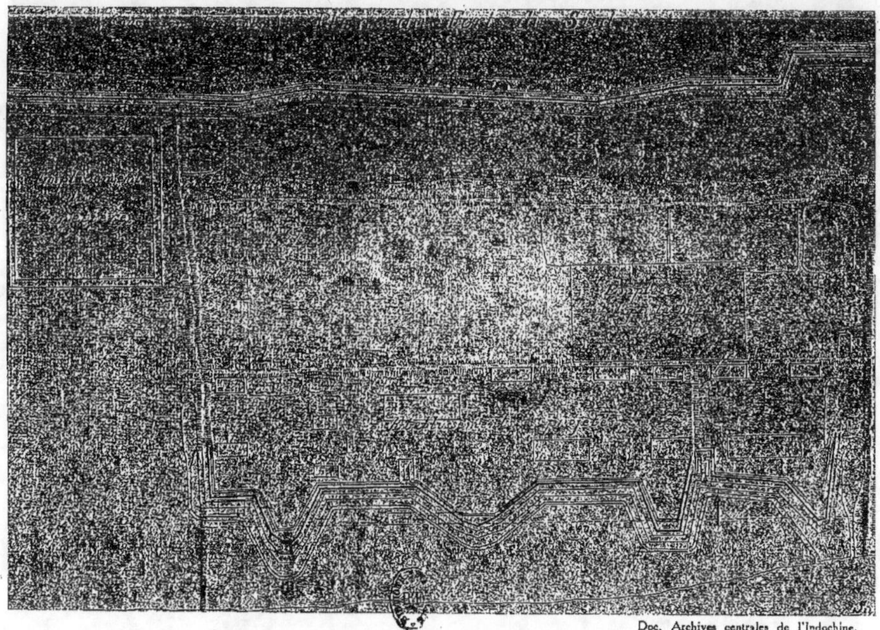

En haut : Le même terrain protographié par avion en 1926.
En bas : Plan de la Concession française de Hanoi en 1875.

Coll. E. F. E. O.

La Concession en 1877.
(De gauche à droite : Caserne — Logements du Capitaine du génie, du Commandant
supérieur, des Officiers — Hôtel du Consul — Chancellerie).

Photo E. F. E. O.

Façade latérale de l'ancien hôtel du Consul.

Coll: E. F. E. O.

Henri·Rivière.

Le premier bâtiment de la Mission, construit en 1876, assiégé en 1883 par les Pavillons noirs.

Photo E. F. E. O.

PL. XXII

La cathédrale de Hanoï, construite de 1884 à 1887.

Photo E. F. E. O.

PL. XXIII

Porte de la rue Jean-Dupuis.

Photo Gouvernement général.

Porte de la rue des Cantonnais.

Coll. E. F. E. O.

Aspect ancien de la rue Jean-Dupuis.

Pl. XXVI

Cortège d'un mandarin passant dans une rue de Hanoi.

PL. XXVII

Photo E. F. E. O.

La première Résidence de France à Hanoi : L'ancien salon de M. Bonnal.

Pl. XXVIII

La première Résidence de France à Hanoï : Détail de la charpente.

Photo E. F. E. O.

PL. XXIX

Coll. E. F. E. O.

La Porte de France (Au premier plan,
la rue des Incrusteurs ; au fond, la Concession)

La Cimetière de la Concession en 1884.

Photo Cremnitz Coll. E. F. E. O.

Le Blockhaus Nord en 1884.

Photo Cremnitz Coll. E. F. E. O.

Le Blockhaus de la Rive gauche en 1884.

Reconstitution de l'ensemble de la Pagode des Supplices.

PL. XXXIV

Entrée de la Pagode des Supplices en 1884.

Le *Hoa-phong-Thap*, dernier vestige de la pagode des Supplices.

Photo Cremnitz   Coll. E. F. E. O.

La passerelle de l'Ile de Jade.

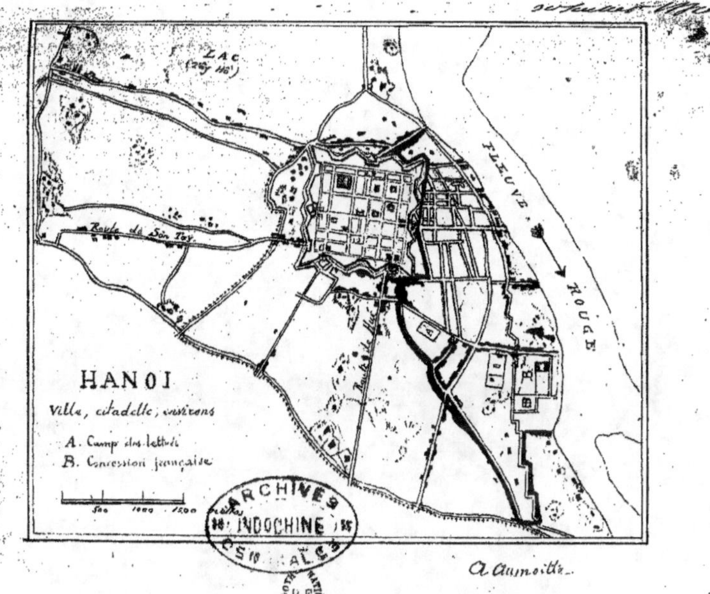

Premier projet de délimitation de Hanoi en tant que port ouvert au Commerce. Le pointillé
correspond au *Dai-la-thanh*, ou enceinte extérieure de Hanoi ; la ligne noire englobe la ville marchande
et le quartier où ont été créés les premiers établissements français.

Rue Tirad

Rue du Pont en Bois

Philharmonique

Imprimerie
Tonkinoise

Rue Pottier

Avenue
de la Cathédrale

FATIMA

Usine
d'électricité

Mairie Trésor

L'ÉVOLUTION DE HANOI EN UN DEMI-SIÈCLE

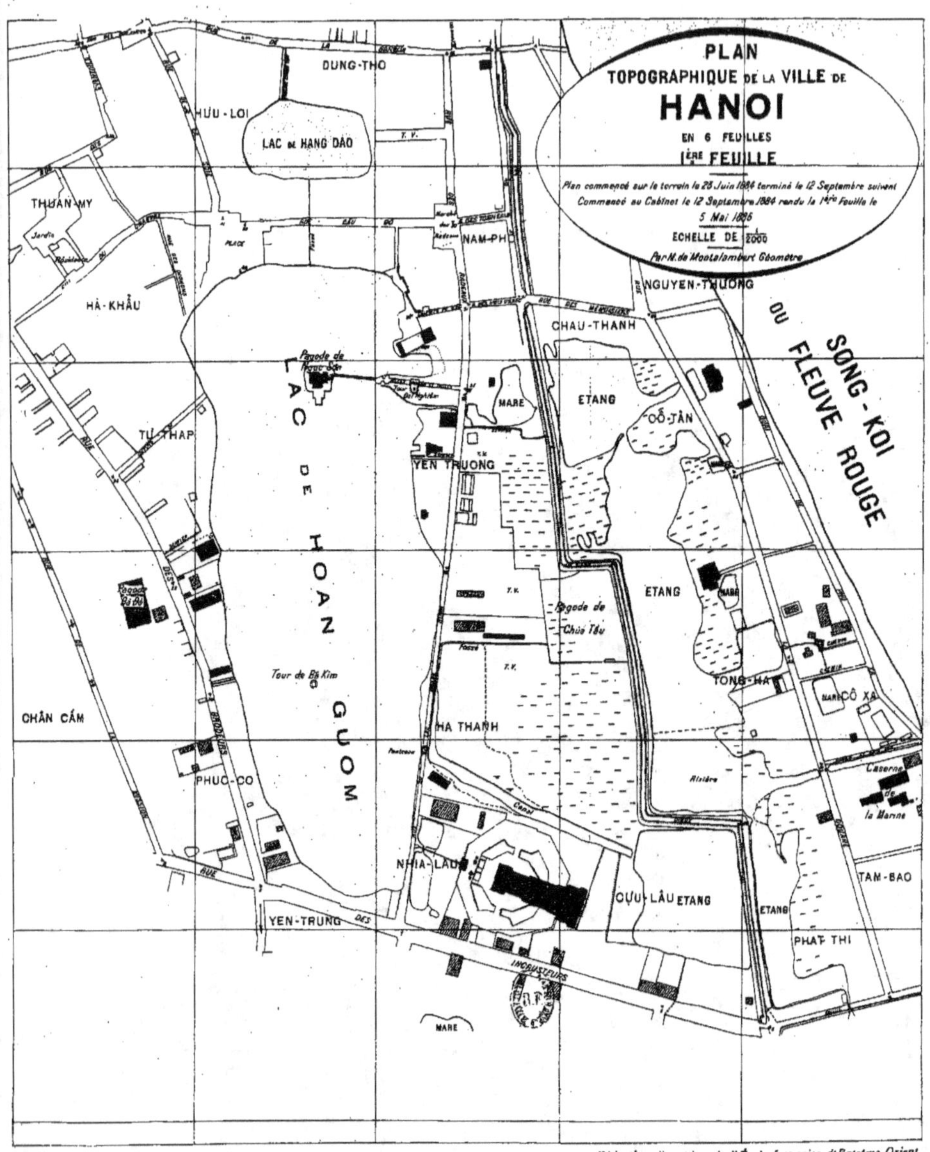

Réduction d'un plan de l'École française d'Extrême-Orient,
d'après un calque du Service Géographique de l'Indochine

Sur l'emplacement des étangs et des rizières, s'élèvent aujourd'hui la Résidence Supérieure,
la Banque de l'Indochine, la Mairie, le Trésor, les Postes, l'Usine d'Électricité, etc.

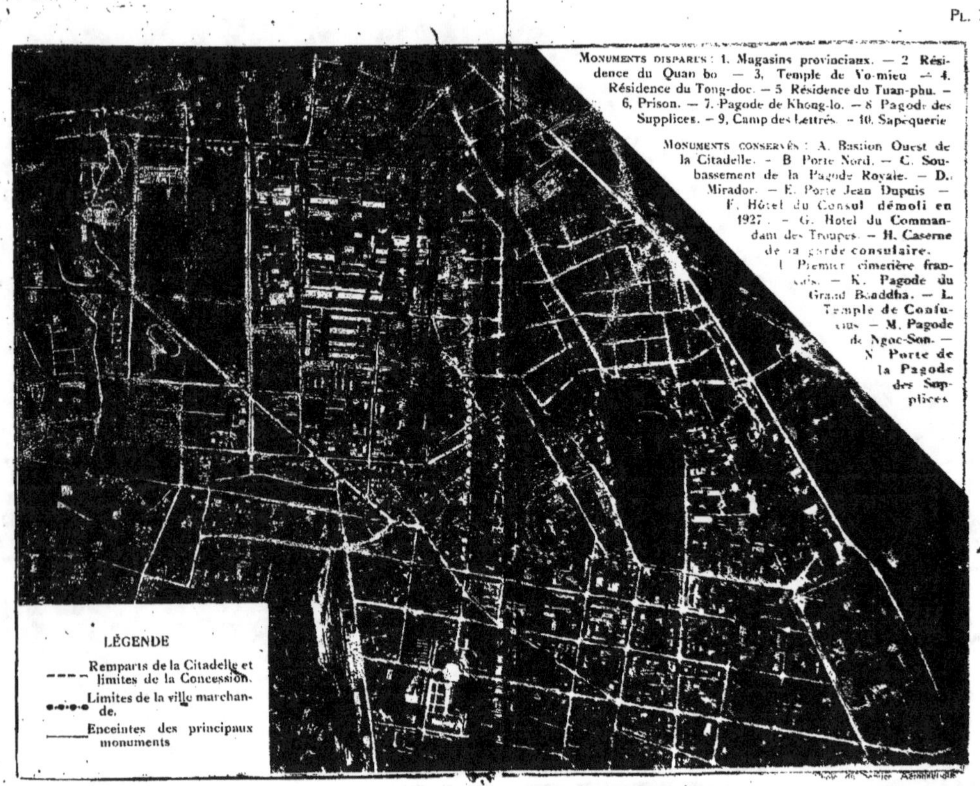

L'ÉVOLUTION DE HANOI EN UN DEMI-SIÈCLE
Schéma de Hanoi en 1876, tracé sur un plan photographié par avion en 1926

INDEX BIBLIOGRAPHIQUE

La bibliographie générale du sujet (imprimés, manuscrits, iconographie), dont nous avons réuni les principaux éléments, ne pourra être publiée qu'après des recherches complémentaires dans les bibliothèques et dépôts d'archives coloniales de France.

On trouvera seulement ici des références précises aux quelques ouvrages que nous avons cités, sous une forme abrégée, dans les pages précédentes.

Chaque notice est suivie de la cote que porte l'ouvrage à la Bibliothèque centrale de l'Indochine (chiffres précédés d'une lettre) et à la Bibliothèque de l'Ecole française d'Extrême-Orient (chiffres précédés de l'indication du format, 8° 4°...).

Annuaire de l'Annam et du Tonkin pour l'année 1887. — Hanoi, Impr. Schneider, 1887 ; 230/150 ; 280 pp.

8° 1405

L'Avenir du Tonkin, commercial, agricole et industriel. Journal de renseignements et d'études publié à Hanoi. — Publié de 1884 à 1888 dans le format 320/250.

Fondé par Jules Cousin le 13 décembre 1884. Le premier numéro fut tiré à la presse autographique. Les numéros suivants imprimés par l' « Imprimerie du Gouvernement » jusqu'au 12 février 1886, par « l'Imprimerie du Protectorat » jusqu'au 14 juin 1886, puis par « l'Imprimerie typographique F.-H. Schneider ». Le siège de la rédaction était d'abord la librairie F. Crettier, puis fut fixé « à la villa de l'Avenir, rue des Brodeurs » le 5 juin 1885.

Journal d'information, l'Avenir du Tonkin fut en même temps le véritable Journal officiel du Tonkin, jusqu'au 1er janvier 1889.

BACH (Pham-dinh). Plan de Hanoi en 1873. — *Plan original,* octobre 1902, échelle 1/5.000. Musée de l'Ecole française d'Extrême-Orient, F. 2. — *Edition du Service géographique de l'Indochine.* Echelle approximative 1/12.500, 1ʳᵉ éd. 1914, 2ᵉ éd. 1916. — *Edition de l'Eveil économique de l'Indochine,* échelle approximative 1/8.800 (*Eveil économique de l'Indochine,* n° 397, 1925, 18 janvier).

BARON (S.). Description du royaume de Tonquin. Trad. Deseille. — *Revue Indochinoise,* t. XXII, 1914, juillet, pp. 59-77, août, pp. 197-208, sept.-oct., pp. 331-344, nov.-déc., pp. 429-454.

C. 36.
8° 2225.

BLANCHARD DE LA BROSSE (P.). Une des grandes énergies françaises : Paul Bert. — Hanoi, Impr. d'Extrême-Orient. 1925 ; 250/165 ; 159 pp.

Extrait de la *Revue Indochinoise,* 1925, mai-juin, pp. 369-408, juillet-octobre, pp. 1-48, 191-216.

M. 4572.

BLÉTON (A.). Le Commerce au Tonkin. — *Annales de l'Extrême-Orient,* tome VIII, 1885-1886, pp. 149 et 179.

BOISSIÈRE (Jules). La capitale du Tonkin (Notes sur Hanoi). — *Revue indochinoise illustrée,* n° 7, 1894, février, pp. 1-36, plan, grav.

C. 26.
4° 76.

BOISSIÈRE (Jules). L'Indochine avec les Français. — Paris, L. Michaud, s. d., 185/120, II-302 pp.

Le chapitre intitulé Hanoi, pp. 185-250, est la réimpression de l'article publié dans la Revue Indochinoise en février 1894.

P. 569.
8° 3381.

BONNAL (Raymond). Au Tonkin. Notes et souvenirs. — Hanoi, Ed. de la Revue Indochinoise, 1925, 270/175, 289 pp.

Extrait de la Revue Indochinoise, 1923 (mars)-1925 (juin).

M. 4407.

BONNETAIN (Paul). Au Tonkin. Paris, Charpentier, 1887, 180/120, CVIII-336 pp.

P. 3694.
8° 674.

BONNETAIN (Paul). L'Extrême-Orient· Ouvrage illustré de nombreux dessins d'après nature et accompagné de trois cartes dressées d'après les documents les plus récents· — Paris, Quantin, s. ·d. ; 290/200 ; 613 pp., ill. (Le Monde pittoresque et monumental).

M. 998.
4° 353.

BOUINAIS (A.) et A. PAULUS. L'Indochine française contemporaine. Tome second, Tonkin-Annam. — Paris, Challamel, 1885 ; 240/150 ; 838 pp., grav.

M. 570.
8° 451.

BOURDE (Paul). De Paris au Tonkin. — Paris, Calmann
Lévy, 1885 ; 190/120 ; 382 pp.

8° 1386.

*Bulletin du comité d'études agricoles, industrielles et com-
merciales de l'Annam et du Tonkin.* — Hanoi, Schneider,
1ʳᵉ année, 1886, 34 et 48 pp. ; 2ᵉ année, 1887, 320 pp. ;
3ᵉ année, 1888, 80 pp. ; format 250/170.

B. 447.
8° 258.

Bulletin officiel du protectorat de l'Annam et du Tonkin,
année 1883, juillet-décembre, 183 pp. ; 1884, 550 pp. ;
format 230/150.

C. 3.

CADIÈRE (le Père L.). La merveilleuse capitale [Hué].
— *Bull. des Amis du Vieux Hué*, 1916, pp. 247-272.

C. 29.
8° 3861.

CHALLAN DE BELVAL (Dʳ). Au Tonkin, 1884-1885. Notes, souvenirs et impressions. Paris, Plon, 1904 ; 225/140 ;
415 pp.

M. 1216.

Les Colonies françaises, notices illustrées publiées par
ordre du sous-secrétaire d'état des Colonies sous la direction
de M. Louis Henrique. Tonkin. — Paris, Quantin, 1889 ;
180/120 ; 163 pp.

8° 2774.

DOUMER (Paul). L'Indochine française. Souvenirs. — Paris, Vuibert et Nony, 1905 ; 300/200 ; XI-392 pp., ill.

G. 108.
4° 475.

DUMOUTIER (G.). Les Pagodes de Hanoi. Etude d'archéologie et d'épigraphie annamites. — Hanoi, Schneider, 1887 ; 230/150 ; 92 pp.

Le texte de cette étude, enrichi de nouveaux détails a été publié par Dumoutier dans la *Revue Indochinoise* 1900 (26 nov.)-1901 (6 mai).

8° 942.

DUPUIS (Jean). L'ouverture du Fleuve Rouge au commerce et les évènements du Tong-Kin, 1872-1873. Journal de voyage et d'expédition de J. Dupuis... précédé d'une préface par M. le Mis de Croizier. — Paris, Challamel aîné, 1879 ; 280/200 ; XIII-324 pp., portrait et carte. (Mémoires de la Société académique indochinoise de Paris, tome deuxième).

M. 1211.
4° 56.

GARCIN (Frédéric). Au Tonkin pendant la conquête. Lettres d'un sergent (1884-1885). — Paris, Chapelot, s. d. ; 220/130 ; 256 pp., plans et phot.

8° 960.

GAUTIER (Hippolyte). Les Français au Tonkin, 1787-1886. Sixième édition. — Paris, Challamel, 1890 ; 180/115 ; IV-464 pp., portrait et plans.

P. 9590.

HOCQUARD (docteur). Une campagne au Tonkin. Ouvrage contenant deux cent quarante-sept gravures et deux cartes. — Paris, Hachette, 1892 ; 280/190 ; 539 pp., ill.

M. 5650.
4° 315.

HUGUET (L.). En colonne. Souvenirs d'Extrême-Orient. Aquarelles de Marie Traverse, gravure de Michelet et Sonnet. — Paris, Marpon et Flammarion, [1888] ; 195/125 ; 228 pp., grav. en couleurs.

8° 2945.

HUMBERT (G.). Historique succinct de l'artillerie au Tonkin pendant les années 1883 et 1884. — Paris, Limoges, Charles Lavauzelle, 1886 ; 130/80 ; 2 vol., 144 et 111 pp. (Petite bibliothèque de l'armée française).

Cet ouvrage a d'abord été publié, accompagné de planches, dans les 1re et 2e livraisons du *Mémorial de l'Artillerie de la Marine* (1885).

8° 860.

KERGARADEC (C. de). Note sur les incrustations du Tonkin, 20 novembre 1881. — *Excursions et reconnaissances*, tome IV, 1897, pp. 204-210.

KY (P. J. B. Truong-Vinh). Voyage au Tonking en 1876. Chuyên di bac-ki nam at-hoi (1876). — Saigon, Guilland et Martinon, 1881 ; 230/150 ; 32 pp.

La Société des Etudes Indochinoises prépare une nouvelle édition de cette brochure, avec traduction, en français.

Q. 8° 12.
ex. 8° 3621.

LABARTHE (Ch.). Hanoi, capitale du Tong-king, en 1883.
— *Revue de géographie*, XIII, 1883, pp. 91-103, (plan
levé en janvier 1882).

8° 3718.

LECOMTE (Capitaine). La vie militaire au Tonkin. — Pa-
ris-Nancy, Berger-Levrault, 1893, 250/155, II-350 pp.,
grav.

M. 1469.

[Livre jaune]. Ministère des Affaires étrangères. Documents diplomatiques. Affaires du Tonkin. Première partie,
1874-décembre 1882. — Paris, Imprimerie Nationale, 1883,
320/210, 327 pp.

G. 200.
4° 167.

LOUVET (E.). Vie de Mgr. Puginier, évêque de Mauri-
castre, vicaire apostolique du Tonkin occidental. — Hanoi,
Schneider, 1894, 250/160, VII-602 pp. Portrait et grav.

M. 1454.
8° 1120.

LYAUTEY (Maréchal). Lettres du Tonkin et de Madagascar (1894-1899). — Paris, Colin, 1921, 230/100, IX-
660 pp., cartes et pl.

M. 2036.

MASPERO (Henri). Le protectorat général d'Annam sous
les T'ang. Essai de géographie historique. — *Bull. de l'Ecole française d'Extrême-Orient*, t. X, 1910, n° 3, pp. 539-
584 ; n° 4, pp. 665-682.

C. 38.
4° 111.

Moniteur du Protectorat de l'Annam et du Tonkin, année 1886, 464 pp. ; année 1887, 528 pp. ; format 230/150.

C: 3.
8° 1651-bis.

PASQUIER (Pierre). L'Annam d'autrefois. Essai sur la constitution de l'Annam avant l'intervention française. — Paris, Challamel, 1907 ; 190/120 ; 338 pp.

P. 2894.
8° 2275.

PIGLOWSKI (A.). Quarante ans de Tonkin· — *Indépendance Tonkinoise*, 1922-1929.

PIGLOWSKI (A.). La ville de Hanoi, 1884-1928. — *Indépendance Tonkinoise*, 1929, 3-14 février.

POUQUET (Jeanne-Marie). Le Salon de Madame Arman de Caillavet. Ses amis, Anatole France, commandant Rivière. Préface de Gabriel Hanotaux. — Paris, Hachette [1926] ; 200/140 ; VII-268 pp.

P. 9113.

ROMANET DU CAILLAUD (F.). La conquête du delta du Tong-king (1873). — Le Tour du Monde, 1877, 2ᵉ semestre, pp. 289-321. Plan et grav.

A. 251.
4° 765.

ROMANET DU CAILLAUD (F.). Histoire de l'intervention française au Tong-king de 1872 à 1874. — Paris, Challamel, 1880, 230/140. 470 pp., carte et plans·

M. 2227.
8° 681.

VIAL (Paulin). Nos premières années au Tonkin. Récit des évènements relatifs à l'occupation du Tonkin par les Français depuis 1873 jusqu'en avril 1887, suivi d'une description du pays... avec 4 cartes à la fin du volume. — Voiron, Impr. Baratier et Mollaret, 1889 ; 190/120 ; 494 pp.

8° 2308.

YANN (L.). Croquis tonkinois. Illustrations de MM. G. Léofanti et Voignier. — Hanoi, Scheneider, 1889, 235/165 IV-205 pp., grav.

Yann est le pseudonyme du lieutenant Lassalle. Les Croquis tonkinois ont paru d'abord dans l'Avenir du Tonkin.

M. 1241.

TABLE ALPHABÉTIQUE

Abattoir, 153.

Académie Tonkinoise, 175.

ADRAN (Mgr d'), 55.

A.F.I.M.A., 157.

Antilope (L'), aviso, 183.

Archives centrales de. l'Indochine, *passim*.

Archives historiques de l'Etat-Major, 103 note 2, 106 note 2, 124 note 2, 146 note 2, 161 note 1.

Arsenal de la Citadelle, 64.

Assemblée consultative indigène du Tonkin, 114.

AUMOITTE, chancelier du consulat de Hanoï, 208, 236.

Avenir du Tonkin, 22, 51 note 1, 109, 147, 162, 164, 166, 168, 170, 172 notes, 173, 174, 175 note, 176, 239.

Avenue Brière de l'Isle, 36.

BAIN DE LA COQUERIE (enseigne de vaisseau) 66-69.

BALNY D'AVRICOURT (enseigne de vaisseau), 208-209.

Bals : à la Concession, 109. — à la Pagode des Cantonnais, 149.

Banque de l'Indochine, 159, 237.

Banquets : à la Pagode des Cantonnais, 149.

BEIRE (Madame de), 165.

BERT (Paul), 21, 46. — Installation à la Concession dans l'ancien hôtel du Consul, 110. — Fête donnée le 13 juillet 1886, 111. — Travaux de voirie et suppression des palanques de la Concession, 111. — Sa mort, 112. — Loterie pour la Cathédrale, 127. — Comité d'Etudes industrielles, 149. — Construction des bâtiments administratifs du Petit Lac, 170.

BERTAUD (Père), 123.

BERTHE DE VILLERS (commandant), 81, 105, 106.

Bibliothèque centrale de l'Indochine, 23. 29, 52.

BILLÈS (commandant), 45.

Blockhaus Nord, 162, 233, pl. XXXII.

Blockhaus de la Rive gauche, 162, 234, pl. XXXIII.

BONIFAY, matelot, 209.

BONNAL (Raymond), résident de France à Hanoï en 1883-1884, 22, 50, 119 note 2, 125-126, 136, 146-149, 168, 223, 232, pl. III.

BORZECKI (M.), 97.

BOUET (général), 106 note 1, 107, 108, 146, 161.

BOUILLET, ingénieur hydrographe, 67.

Boulevards

— *Amiral-Courbet*, 92, 133, 237.

— *Bobillot*, 92 note 1, 98, 114, 228, pl. XVII et XVIII.

— *Carnot*, 55, 59, 225.

— *Carreau*, 160, 162.

— *Félix-Faure*, 55.

— *Francis-Garnier*, 159, 234, 235.

— *Gambetta*, 114, 162, 172.

— *Gia-Long*, 162.

— *Henri-d'Orléans*, 55.

— *Henri-Rivière*, 159, 160.

— *Jauréguiberry*, 29.

— *Rialan*, 160.

— *Rollandes*, 29.

BRIÈRE DE L'ISLE (général), 109.

BRIONVAL (capitaine), 36, 94, 95, 145, 193, 198, 200.

Cabinet de lecture (Premier), 176.

Ca-cho, (nom ancien de Hanoi), 138 note 2.

Cafés (Premiers), 164-166.

CAILLAVET (Madame de), 103.

Camp des Lettrés, 29-52. — Convention du 30 mai 1875 cédant le Camp des Lettrés jusqu'au 1er janvier 1877, 198-200. — Plan, 224, pl. V.

Canotage sur le Petit-Lac, 175.

CAPETTER, (lieutenant de vaisseau), 106.

Carabine (la), canonnière. 79.

CARREAU (colonel), 106.

Caserne de la Concession, 100. — Transformée en hôpital, 107. — Affectée aux bureaux de l'Etat-Major, 114. — Vue en 1877, 229, pl. XIX.

Cathédrale, 125-127, 230, pl. XXIII.

CAU (Nguyên-huu), 132.

CHAIGNEAU, 56.

Chambre de commerce, 52.

Champ de courses de la Citadelle, 84-85.

Champ des exercices militaires, 64.

CHAMPION (sergent), 75.

Chapelle des Martyrs, rue de la Mission, 119.

Chapelle en bois, brûlée en 1883, 119-120.

CHAPOTOT (commandant), 37, 38, 39, 40, 56, 58, 208, 210, 218, 224.

CHAVANIEUX, 230, 232.

CHENIEUX, gérant du consulat de Hanoi en 1883, 106.

Cimetière de la Concession. — Enterrement de Francis Garnier, le 4 novembre 1875, 77. — Monument commémoratif, 114-115. — Choix du terrain du cimetière, 184-185, 186-188. — Translation des restes des Français inhumés dans la Citadelle, 189, 206-210. — Plan, 228, pl. XVII et XVIII. — Vue, en 1884, 233, pl. XXXI.

Citadelle, 55-86. — Description par le C^t Chapotot, 210-213. — Kinh-Thiên, 221, pl. I. — Porte Sud-Est, 223, pl. IV. — Porte Nord, 224, pl. VII. — Plan, 225, pl. VIII. — Remparts, 225-226, pl. IX et X. — Entrée réservée de la Pagode Royale, 226-227, pl. XI et XII. — Escalier de la Pagode Royale, 227, pl. XIII et XIV. — Porte de l'enceinte de la Pagode Royale, 227, pl. XV. — Mirador, 228, pl. XVI.

CLÉMENCEAU (lieutenant de vaisseau), 124.

CLERGET (H.), 221.

COLOMER (Mgr.), 75.

Comité d'études agricoles industrielles et commerciales du Tonkin, 149, 175.

Concession, 87-116 et 179-220. — Plan, 228, pl. XVII et XVIII. — Vue générale en 1877, 229, pl. XIX. — Ancien hôtel du Consul, 229, pl. XX. — Cimetière, 233, pl. XXXI.

Concours littéraire de Hanoi, en 1876, 42-45.

CONSTANS (Gouverneur général), 114.

Consul de France à Hanoi, voir Kergaradec (de).

Consulat (hôtel du), 100, 103, 108, 116, 229, pl. XIX.

Consulats (Période des), 20-21, 153.

Conventions

— Philastre, du 6 février 1874, 19, 76, 89-90.

— du 11 janvier 1875, 94. — Texte, 195-196.

— du 30 mai 1875, 36, 96. — Texte, 198-200.

— du 31 août 1875, 89. — Texte, 205.

Côt-co (Mirador de la Citadelle), 62-63.

COURBET (amiral), 109, 126.

COURCY (général de), 109.

Courses (Champ de), 84-85

COUSIN (Jules), fondateur de l'*Avenir du Tonkin,* 176.

COUTEL, entrepreneur, 169.

CREMNITZ, 222.

Cuu-Lau, voir Porte de France.

DAGORNE, sergent, 209.

Dai-la-thanh, enceinte extérieure de Hanoi, 24, 236, pl. XXXVIII

Débarcadère commercial, à l'extrémité de la rue Jean-Dupuis, 142.

Decrès (le), canonnière, 67, 209.

Dê-doc (Résidence du), 64.

DEROY (A.), 229, 231.

DESCHAMPS, directeur du premier théâtre, 174-175.

DESPIAU, 56.

Digues protégeant Hanoi, 214-215.

Direction de l'Artillerie, 62-85.

Direction des Affaires politiques, à la Concession, 113.

Direction des Finances, 64.

Direction des Mines, 112.

Distributions publiques de riz au Camp des Lettrés, 46-47.

Do (Nguyên-huu), tong-doc de Hanoi, puis kinh-luoc du Tonkin, 49, 125.

Doan-Môn, entrée de la Pagode Royale, 61.

DOUMER (Paul), Gouverneur général, 85.

DRONET (Père), 119 note, 120.

DUJARDIN (commandant), 37, 92, 93, 121, 145, 182-186, 189, 191, 192, 194, 196.

DUMOULIN (Père), 142.

DUPERRÉ (amiral), 94, 95, 99, 189, 191-193, 196, 197, 200, 201, 206, 210, 219, 224, 236.

DUPOMMIER (capitaine), 94, 95, 99, 101, 122, 145, 190, 191, 192, 193, 194, 199, 200, 203, 219.

DUPRÉ (amiral), 18, 90, 138 note 2.

DUPUIS (Jean), Arrivée à Hanoi le 22 décembre 1872, 18, note 1. — Dernière visite au cadavre de Garnier, 75. — Son installation à Hanoi, rue de Than-Ha en 1873, 140-143.

Ecole des Arts appliqués, 29.

Ecole française d'Extrême-Orient, 22 note 1, 23, 55 note 1, 59 note 1, 62 note 3, 63 note 1.

Ecuries des éléphants, 64.

ESMEZ (enseigne de vaisseau), 34, 35, 67-70, 223.

Espingole (L'), canonnière, 67, 183, 186, 193, 208, 209.

Estrées (Le d'), vapeur, 191, 192, 194.

Examens triennaux, voir Concours littéraires.

Exposition de 1887 au Camp des Lettrés, 51-52.

Famine à Hanoi en 1880, 46-48.

Fanfare (la), canonnière, 79, 123.

Félix, chrétien, fournisseur de matériaux pour la Concession, 98-99.

FERDINANDUS (A.), 223, 231.

FINOT (Louis), Directeur de l'Ecole française d'Extrême-Orient, 23, note 1.

Fleuve Rouge, Crue en 1884, travaux de protection, 107-108.

FORSANS (de), 56.

Fort du Sud, 93-94, 97, 98, 153, 187-188, 190, 191, 196, 199. — Description par le C^t Chapotot, 215-216.

Gare de transit, à la Concession, 113.

GARNIER (Francis), Conquête du Delta, 19. — Arrivée à Hanoi le 5 novembre 1873, 31-32. — Entrevue avec Nguyên-tri-Phuong, 33-35. — Installation au Camp des Lettrés, 35. — Prise de la Citadelle, 65-70. — Installation dans la Pagode Royale, 70-71. — Conquête du Delta, organisation administrative, mise en valeur économique, 71-74. — Mort de Garnier, 74-76. — Exhumation, rapport médico-légal et enterrement au Cimetière de la Concession, le 4 novembre 1875, 76-77, 206-210. — Gravure représentant le Kinh-Thiên, où il s'installa le 21 novembre 1873, 221 et pl. I. — Son portrait, 224, pl. VI.

Gendarmerie, 29, 52, 149.

GENDREAU (Mgr), 119 note 1.

GETTEN, ingénieur, 171.

GIAI (Nguyên-dang), voir Pagode des Supplices.

GIA-LONG (Nguyên-Anh, empereur). Construction de la Citadelle, 55, 56, 63. — Escaliers de son tombeau à Hué, 62, 227.

GILLET (Louis), 176.

GOLOUBEW (Victor), Secrétaire de l'Ecole française d'Extrême-Orient, 23 note 1.

Gouvernement général (hôtel du), à la Concession, 114.

Greniers à riz de la Citadelle, 64.

Han-Lau (Pagode des Dames de la Citadelle), 62.

HARMAND (Docteur), commissaire général civil au Tonkin en 1883, 108, 125, 175.

HAUTEFEUILLE (aspirant), 69-70, 166.

HIEP (Nguyên-Trong), ambassadeur, 74.

Hoa-phong-Thap, tour du vent favorable, 158, 235, pl. XXXVI.

HOCQUARD (Docteur), 222, 223, pl. III.

Hôpital de la Citadelle (Magasins provinciaux), 82-83.

Hôpital de la Concession (ancienne caserne), 107.

Hôpital de Lanessan, 153.

Hôtel (Grand), rue des Brodeurs, 167, 175.

Hôtel (premier), 166.

Hôtel Métropole, 159.

Ile de Jade (Ngoc-Son), 159, 175, 236, pl. XXXVII.

Ile de la Tortue (Qui-Son), 159.

Imprimerie du Gouvernement, rue du Coton, créée en 1883, 149, 176.

Imprimerie tonkinoise, 148.

Incendies dans la ville marchande, 140. — Incendie de Hanoi par les Pavillons Noirs en 1883, 146.

Inspection générale de l'Agriculture, 29.

JARDON (médecin-major), 76. 207-210.

JOFFRE (capitaine), 51 note 1.

JOSEPH FILS, 72.

JOUCLA, commandant du d'Estrées, 194.

Ke-cho (nom ancien de Hanoi, 138 note 2.

KERGARADEC (comte Le Jumeau de), consul de France à Hanoi de 1875 à 1882. Son rôle, 20. — Arrivée au Camp des Lettrés, 38. — Négociations relatives à la Concession, 41 et 96-97. — Observations sur le concours littéraire de 1876, 43. — Exhumation et funérailles de Garnier, 76-77. — Lettre à Le Myre de Vilers sur le moyen de prendre la Citadelle, 5 février 1882, 78. — Construction des bâtiments de la Concession, 100-101. — Promenades avec le commandant Rivière, 104. — Projet d'installer le consulat dans la ville marchande en 1875, 145. — Note sur les incrustations du Tonkin, 154. — Correspondance avec l'amiral Duperré, 200-210, 219, 236.

KHONG-LO, le Bonze aux buffles d'or, 120.

Kinh-Luoc (palais du), 50-51, 52.

Kinh-Thiên (pavillon central de la Pagode Royale), 61-62, 70-71, 85, 221, pl. I.

KRANTZ (amiral), 91-92, 181-186, 193.

Lac de l'Epée rendue, ou Petit Lac (Hoàn-Kiêm-Hô). Description, 155-157. — Dégagement de 1884 à 1888, 170. — Bâtiments administratifs du Lac, 170-171. — Courses de canot, 175. — Vue du Petit Lac en 1884, 221 et pl. II.

LANDAIS (Père), 121, 122, 123, 183, 207.

LARRIEU (Cⁱᵉ de Navigation), 191.

LASSALLE (Lieutenant), voir YANN.

LE BOURDELLÈS, médecin, 186.

LE JUMEAU DE KERGARADEC, voir KERGARADEC.

LE-LOI, 157.

LE MYRE DE VILERS, Gouverneur de la Cochinchine, 78, 102.

LHEUREUX, soldat, 210.

LICHTENFELDER, architecte, 112 note 2.

LIEN-TRI, voir Pagode des Supplices.

Loge maçonnique, rue des Pavillons Noirs, 149.

Lunette de Hué, 162.

Lunette des Mandarins, 162.

LURO, lieutenant de vaisseau, 76 note 1.

LYAUTEY (maréchal), 142.

Lycée Albert-Sarraut, 63.

Magasins de la Citadelle, 63-64. — Aménagés en hôpital, 82-83.

MAINFROY, libraire, 176.

Mairie, 159, 171, 237.

Mandarin (Cortège d'un) dans les rues de Hanoi, 139, 231, pl. XXVII.

Marché. Description de l'aspect ancien de Hanoi les jours de marché, 137-138. — Etablissement de marchés couverts à Hanoi en 1888, 147-148.

Mares, 98, 140, 159.

Massue (la), canonnière, 79.

Mirador de la Citadelle, 62-63, 84.

Mission, 117-128, 230, pl. XXII.

MONTALEMBERT (de), géomètre, 237.

MOREL-BEAULIEU (commandant), 106 note 1, 107, 108, 124, 161.

MOUSSU, capitaine de l'Espingole, 193.

Municipalité (Création de la), 176.

MUNIER (général), 149.

Musée de l'Ecole française d'Extrême-Orient, 114.

Ngoc-Son, voir Ile de Jade.

Ngoai-truong (enceinte extérieure du Camp des Lettrés), 30, 31.

Noi-truong (Enceinte intérieure du Camp des Lettrés), 29, 31.

Nung-Son (tertre sacré de la Pagode Royale), 61.

OLIVIER (Léon), 224.

OLIVIER DE PUYMANEL, 56.

Ordonnance du 3 octobre 1888, 15, 21, 176.

Pagodes

— *de Bà-Liêu-Hanh* ou Temple du Grand Banian de la Citadelle, 64, 83-84.

— *de Bao-Thiên-Tu*, dédiée à Khong-Lô, le Bonze aux buffles d'or, 120, 125.

— *des Cantonnais*, rue des Voiles, 141, 149-150.

— *des Dames*, (Citadell)e, 62.

— *de Khan-Son* (Citadelle), 64.

— *Lê-Loi*, 157.

— *Royale* de la Citadelle, 60-62, 70-71.

— *des Supplices* (Pagode de Liên-Tri ou de Nguyên-Dang-Giai), 157-158, 234-235, 237, pl. XXXIV à XXXVI.

— *de Van-Miêu*, ou des Corbeaux (Temple de la Littérature). Stèles, 44.

— *de Vu-Miêu* (Temple du Dieu de la guerre), dans la Citadelle, 64.

Palais de Justice, 29.

PAVILLIER (ingénieur), 107-108.

PAVILLONS NOIRS. On craint qu'ils n'attaquent le Camp des Lettrés en septembre 1875, 39-40. — Siège de la Mission, 123. — Incendie de Hanoi en 1883, 146.

PERRIN (aspirant), 57 note 2, 221.

Petit Lac, voir Lac de l'Epée rendue.

Pharmacie (Première), 164.

Philharmonique (Société), 156, 221.

PHILASTRE. Evacuation des Citadelles et convention du 6 février 1874, 19-20, 90. — Choix des maisons de Dupuis pour installer le Résident français au Tonkin, 143-144.

PHUC (Lê-van), 148.

PHUONG (Nguyên-Tri). Première entrevue avec Francis Garnier, 33-35, 64, 65.

PIGLOWSKI, 173, 223, pl. III.

Place Neyret. Statue de la Liberté éclairant le Monde, 51 note 1.

Plan de Hanoi en 1873, par Pham-Dinh-Bach, 23.

Portes

— de quartier : leur élargissement pour laisser passer le catafalque de Francis Garnier le 4 novembre 1875, 77. — Description, 133-134.

— *de France* (anciennement porte de Cuu-Lau ou Truong-Tiên (Sapèquerie), 98, 155, 232, pl. XXX.

— *de la rue des Cantonnais*, 134, 231, pl. XXV.

— *de la rue du Chanvre*, 134.

— *de la rue Jean-Dupuis*, 132-133, 230, pl. XXIV.

— *Nord de la Citadelle* (boulevard Carnot), 59, 224-225, pl. VII.

— *Sud-Est de la Citadelle*, 223, pl. IV.

Postes, 159, 171, 237.

Poudrière, 57, 226.

Pousses (Premiers), 168.

Prison de la Citadelle, 64.

PUGINIER (Mgr). Entrevues avec Francis Garnier, 35, 74. — Service célébré après la mort de Garnier, 75, 206. — Funérailles de Garnier, le 4 novembre 1875. 77. — Recherche du corps de Rivière, en octobre 1883, 106. Assiste à une fête donnée par le général de Courcy en 1885, 109. — Premier voyage à Hanoi en décembre 1872, 120. — Voyage à Saigon en 1874, 121 note 1. — Bâtiment de la Mission où il mourut le 25 avril 1892, 122, 230, pl. XXII. —

Construction de la Cathédrale, 125-127. — Voiture de Mgr Puginier, 169.

PUYMANEL (OLIVIER DE), 56.

Quai Clémenceau, 92.

Quan-an (Résidence du), 64.

Quan-bô (bureaux du), 64.

Qui-Son, voir Ile de la Tortue.

Résidence de Hanoi, rue du Chanvre, 148-149, 222, pl. II, 232, pl. XXVIII et XXIX, 237

Résidence générale de l'Annam et du Tonkin (hôtel de la), 110, 113.

Résidence Supérieure au Tonkin (hôtel de la), 112, 159, 171, 237.

Résident français au Tonkin, voir RHEINART.

Résident de France à Hanoi, voir BONNAL (R.).

RETROUVEY (capitaine), 79, 80.

RHEINART, inspecteur des affaires indigènes, Résident français au Tonkin, 20, 91, 121, 182, 183. — Son installation dans les anciennes maisons de Dupuis, 143-145.

RICHAUD (Gouverneur général), 114.

RIVAL (Père), 123.

RIVIÈRE (Henri). Arrivée à Hanoi, 79, 101. — Prise de la Citadelle, 79-80. — Installation à la Concession : travaux littéraires, soirées, 102-105. — Sa mort 106. — Il prête secours à la Mission, menacée par les Pa-

villons Noirs, 122. — Ses obsèques en octobre 1883, 125. —
Son portrait, 229, pl. XXI.

ROQUES (Capitaine), 51, note 1.

Rues

— Aspect ancien des rues de
Hanoi, 135-137. — Travaux de
voirie entrepris par Bonnal en
1883, 146-148.

— *An-Sat-Sieu*, 141.

— *des Bambous*, 147.

— *du Blockhaus Nord*, 92,
note 1.

— *Borgnis-Desbordes*, 29, 155.

— *des Brodeurs*, actuellement
rue Jules Ferry, 157, 166, 167,
172, 175.

— *des Cantonnais*, 134.

— *des Cartes*, aujourd'hui boulevard Dong-Khanh, 147, 167.

— *du Chanvre*, 134, 148, 149,
222, 223, pl. III.

— *des Chapeaux*, 137.

— *de la Citadelle*, 147.

— *de Colomb*, 162.

— *du Coton*, 149.

— *du Cuivre*, 137.

— *Duranton*, 133.

— *de l'Exposition*, 172.

— *Fellonneau*, 92, 133, 159.

— *de France*, 92.

— *des Graines*, 133.

— *Hang-Cau*, ou Van-Cau, ou
Van-Cao, 92, 184, 187, 189.

— *des Incrusteurs*, rue Paul-
Bert, depuis le 20 novembre

1886, 89, 154-155, 156, 159,
160. — Son importance stratégique en 1883, 161-162. — Ses
transformations de 1883 à 1888,
162-166. — Tramway, 169. —
Démolition des anciennes paillotes, 172-173. — Vue près de la
Porte de France, 232, pl. XXX.

— *Jean-Dupuis*, 132-133, 135,
141, 149, 231, pl. XXVI.

— *Jules-Ferry*, voir *des Brodeurs*.

— *Lambert*, 29.

— *Lataste*, 141.

— *Laubarède*, ancienne rue du
Télégraphe, 112, 228. ●

— *du Maréchal-Galliéni*, 98,
114, 228.

— *du Maréchal-Pétain*, 133.

— *de la Mission*, 169.

— *Paul-Bert*, voir *des Incrusteurs*.

— *des Paniers*, 149.

— *des Pavillons Noirs*, 133, ●
149.

— *des Radeaux*, 149.

— *Richaud*, 162.

— *Riquier*, 162.

— *du Riz*, 147.

— *de la Saumure*, 49, note 1,
133.

— *de la Soie*, 137.

— *du Télégraphe*, actuellement
rue Laubarède, 112.

— *Thach-Thi* ou Tach-Thi,
92, 184, 187.

— *de Than-Ha*, 141.

— *des Vases*, 133.

— *des Voiles*, 141, 149.

Saltée (Le), vapeur, 191, 192.
Sapèquerie, 160, 162.
SCHNEIDER, libraire, 176.
Scorpion (le), canonnière, 67, 138, note 2, 209.
SENEZ (commandant). Son voyage à Hanoi en novembre 1872, 18, note 1.
SOHIER (Mgr), 75.
SORRE, timonier, 209.
Sources de l'histoire de Hanoi, imprimées, 22, — manuscrites, 22-23, — iconographiques, 23.
Statue de la liberté éclairant le monde : 51, note 1.

TANG (Trân-hi-), tuan-phu de Hanoi en 1875, 39, 96, 198, 200.
Télégraphes (Pavillon des), à la Concession, 112.
Télégraphie optique installée dans le Mirador de la Citadelle, 84.
Temples, voir Pagodes.
TESTARD (commandant), 145.
THAI-TO, 60.
Thap-dao. (pavillon au centre de l'enceinte des candidats, dans le Camp des Lettrés), 29, 45, 52, 224.
Théâtre (Premier), 174-175.
THIRIAT (H.), 224.
THU (Pham-phu-), tuan-phu de Hanoi en 1873, 39.
Tong-doc (résidence du), 64.

Traités

— du 15 mars 1874, 20, 91.
— du 31 août 1874, 92.
— du 25 août 1883, 21.
— du 9 juin 1885, 21.
Tramway à chevaux, 168-169.
TRENTINIAN (sous-lieutenant de), 33, 66, 67-69.
Trésor, 159, 171, 237.
Trésor de la Citadelle, 64.
Truong-Tiên, voir Porte de France.
Tuan-phu (résidence du), 64.
TUC (Tran-dinh-), tong-doc de Hanoi en 1875, 36, 38, 39, 74, 94, 96, 195, 196, 198, 200.
TUONG (Nguyên-van-), ambassadeur, 90.
Typhon du 5 octobre 1881, 101.

Université indochinoise, 114, 228.

VANNIER, 56.
VARAIGNE (lieutenant-colonel), 94, 99, 195, 196, 197.
VAUBAN (fortifications à la), 55, 225.
VÉZIN et HUARDEL, entrepreneurs, 170-171.
Ville française, 151-178, 238, pl. XL.
Ville marchande, 129-150.
Voitures (Premières), 169.
Vong-Dinh, Pavillon de la Perspective, 159.

YANN (pseud. du lt Lassalle), 81, note 1, 105, 176.

TABLE ANALYTIQUE
DES MATIÈRES

Pages

PRÉFACE 9

INTRODUCTION 15

Importance des évènements qui se sont dé-
roulés à Hanoi pendant la période 1873-1888 pour
l'histoire générale et l'histoire locale, 16. — Francis
Garnier, 19 ; Période des Consulats, 20 ; Henri Rivière, Paul-Bert, 21. — Sources imprimées, manuscrites, iconographiques, 22. — Plan adopté, 24.

I. LE CAMP DES LETTRÉS 27

Description de l'enceinte des examinateurs,
29 ; de l'enceinte des candidats, 30. — Séjour de
Francis Garnier, du 5 au 20 novembre 1873, 31. —
Séjour du consul de Kergaradec du 26 août 1875 au
15 octobre 1876, 36. — Le Camp des Lettrés menacé par les Pavillons Noirs, 39. — Souffrances des
soldats logés dans le Camp, 40. — Derniers examens
littéraires en 1876 et 1879, 42. — Distributions publiques de riz, lors de la famine de 1880, 46. —
Baraquements pour les troupes en 1883, 48. — Premier palais du Kinh-Luoc, 49. — Exposition de 1887,
51.

Pages

II. La Citadelle ....　53

*Description des remparts, 55 ; de la Porte
Nord, 59 ; de la Pagode Royale, 60 ; du Mirador,
62. — Francis Garnier s'empare de la Citadelle le
20 novembre 1873, 65 ; il installe son quartier général dans la Pagode Royale, d'où il organise l'administration du pays, 70 ; sa mort, 74 ; il est enterré
dans la Pagode Royale le 23 décembre 1873, 75 ;
exhumation et funérailles le 3 novembre 1875, 76.
— Prise de la Citadelle par le commandant Rivière,
le 25 avril 1882, 79. — Installation de casernements
et d'un hôpital dans la Citadelle en 1884, 82. —
Utilisation du Mirador pour la télégraphie optique,
puis, en 1887, comme tribune pour les courses, 84.
— Jugement de Paul Doumer sur la démolition des
remparts, 85.*

III. La Concession ....　87

*Dix-huit mois de négociations pour déter-
miner l'emplacement de la Concession, 89. — M. de
Kergaradec obtient les dix-huit hectares du Fort du
Sud, 96. — Construction de l'hôtel du Consul, de
la caserne et de logements en 1875-1876, 99. — Le
commandant Rivière s'installe pendant un an dans l'hôtel du Consul, 101 ; sa mort, 105 ; il est enterré,
après le colonel Carreau et Berthe de Villers, dans le
Cimetière de la Concession, 106. — La berge de la
Concession est menacée par le Fleuve en 1884, 107.
. — Les Généraux logés dans l'hôtel du Consul, pre-*

Pages

mières soirées, 108. — *Paul Bert ; démolition des palanques, aménagements*, 110.

IV. LA MISSION 117

La première chapelle en bois, 119. — *Mgr Puginier et Garnier*, 121. — *Le Père Landais reste à Hanoi, seul Français, en 1874 ; en 1876, il construit le premier bâtiment de la Mission*, 122. — *Les Pavillons Noirs assiègent la Mission en mai 1883*, 123. — *Mgr Puginier construit la Cathédrale en quatre ans*, 125.

V. LA VILLE MARCHANDE 129

Portes intérieures, 132. — *Etroitesse des rues, leur encombrement*, 135. — *Marché en plein air*, 137. — *Jean Dupuis s'installe rue Than-Ha en 1873*, 140. — *Ses maisons sont occupées, au début de 1874, par le Résident français au Tonkin, Rheinart*, 143. — *Incendie de la ville par les Pavillons Noirs en 1883*, 146. — *L'œuvre du Résident Bonnal*, 147. — *La Résidence de la rue du Chanvre*, 148. — *La pagode des Cantonnais en 1886 et 1887*, 149.

VI. LA NAISSANCE DU QUARTIER FRANÇAIS 151

La rue des Incrusteurs, 154. — *Le Petit Lac*, 155. — *La Pagode des Supplices*, 157. — *La Sapèquerie*, 160. — *Pourquoi ce quartier est devenu le centre de la ville française*, 161. — *Importance*

Pages

*stratégique de la rue des Incrusteurs en 1883, ligne
de défense, lunette des Mandarins et lunette de Hué,
162. — Premiers commerçants français, les cafés en
1884 et 1885, 163. — Progrès de la voirie, 167. —
Pousses, tramway et voitures, 168. — Dégagement
du Petit Lac, 169. — Premiers bâtiments administratifs, 170. — Distractions, théâtre, canotage, 173.
— Activité intellectuelle, 175. — Hanoi obtient
l'autonomie administrative et territoriale en 1888, 176.*

VII. Documents inédits sur la Concession,
    de 1874 a 1876   179

*Extraits de la correspondance du Gouver-
neur de la Cochinchine, du Résident français au Tonkin, du Commandant supérieur au Tonkin, du Consul
de France à Hanoi, au sujet de l'emplacement de la
Concession, 181. — Texte des conventions du 11 janvier 1875 (cession du Fort du Sud), 195 ; du 30 mai
1875 (cession provisoire du Camp des Lettrés),
198 ; du 31 août 1875 (délimitation de la Concession),
205. — Transfert au Cimetière de la Concession
des restes de Francis Garnier et de ses compagnons,
206. — Description de la Citadelle et de la Concession par le commandant Chapotot, 210.*

Notice des Planches   221

Index Bibliographique   239

Table alphabétique   249

Cet ouvrage, tiré a sept cents exemplaires numérotés de 1 a 700 sur papier pur bambou des Papeteries de l'Indochine, a été achevé d'imprimer le premier septembre mil neuf cent vingt-neuf sur les presses de l'Imprimerie d'Extrême-Orient a Hanoi.

Il a été tiré en sus et hors commerce dix exemplaires sur papier vélin a la cuve de Rives, numérotés de A a J et cinquante exemplaires sur papier pur bambou des Papeteries de l'Indochine, numérotés de I a L.